Bibliographie Méthodique

DE LA

Science Occulte

(LIVRES MODERNES)

Étude critique des Principaux ouvrages

PAR UN GROUPE D'OCCULTISTES

Sous la direction de

PAPUS

Président du Groupe indépendant d'Études ésotériques
Directeur de l'*Initiation*.

Abonnement Un an : 50 c.

PARIS

LIBRAIRIE DU MERVEILLEUX

CHAMUEL ÉDITEUR

29, RUE DE TRÉVISE, 29

1892

LA MAGICIENNE

Extrait du roman de JULES LERMINA (Voir page 75).

L'OCCULTISME

SON CARACTÈRE, SON BUT, SES APPLICATIONS

Avant de parcourir la liste des ouvrages modernes concernant la Science occulte, il est indispensable de connaître, même d'une façon très générale, l'état actuel de la question.

La légende et l'histoire s'accordent pour attribuer à certains collèges sacerdotaux de l'antiquité une science et des pouvoirs en apparence extraordinaires. D'après les récits de Jamblique ou de Porphyre ou d'Apulée, la connaissance des « mystères » n'était accessible qu'au prix d'une pénible *initiation*. Qu'apprenait-on dans ces mystères ? A pratiquer la magie, à évoquer les morts, disent les auteurs bien informés.

Pendant longtemps les écrivains sérieux traitèrent tous ces récits de racontars, mettant sur le compte de l'imposture des prêtres et de l'hallucination des visiteurs les faits plus ou moins merveilleux qui formaient le fonds de ces récits. C'est ainsi que tout le xviiiᵉ siècle considéra le « merveilleux dans l'antiquité ».

Mais bientôt des travaux fort savants sur la Franc-Maçonnerie permirent d'y retrouver un écho des phases de l'*Initiation* pratiquée dans les temples anciens. Puis la découverte par *Mesmer* d'une force peu connue, le Magnétisme, permit de comprendre et d'expliquer logiquement, raisonnablement une partie des faits de Magie, enfin les travaux de *Cahagnet* et d'*Allan Kardec* permirent de comprendre la possibilité de communiquer avec le monde de l'au-delà.

Avant ces derniers travaux une pléïade de savants, travaillant en dehors de toute académie ou de toute Église, s'étaient occupés de retrouver les principes scientifiques sur lesquels étaient basées les pratiques mystérieuses des anciens sacerdoces. Ces recherches avaient pour but non pas tant l'exhumation d'une science momifiée, que les découvertes de *quelque chose* susceptible d'imprimer une nouvelle direction à nos sciences contemporaines.

Il est superflu de citer à ce propos les travaux de Court de Gebelin, de Dutens, de Fabre d'Olivet, de Lacour, de Ragon, d'Eliphas Levi, de D. Brière, et les applications théosophiques de Claude de Saint-Martin, scientifiques de Wronski, de Chardel et de Louis Lucas.

Ce dernier résume même admirablement le but poursuivi dès 1856 : *Concilier la profondeur des vues théoriques de l'antiquité avec la rectitude et la puissance de l'expérimentation contemporaine.*

Ce qu'il faut donc bien noter tout d'abord, c'est l'existence en France d'un courant scientifique, indépendant du courant officiel, et ininterrompu depuis Paracelse jusqu'à nos jours. On pourrait même remonter bien plus haut.

La science officielle, admirable dans ses résultats analytiques, dans ses applications diverses à l'industrie, arrive, de par sa précision même dans le détail, à rester impuissante lorsqu'il s'agit de trouver une synthèse commune à toutes les sciences. De plus, les académies ont été obligées de nier à priori une série de faits présentés par le magnétisme et l'étude de la force psychique, simplement parce que ces faits venaient donner une autre direction aux théories officielles, fortement teintées de matérialisme.

C'est alors que les représentants de ce second courant scientifique indépendant, dont nous avons parlé tout à l'heure, sont sortis de leur réserve habituelle. Ils sont venus montrer que ces faits, en apparence merveilleux et sortant des lois scientifiques connues, n'étaient que des cas très particuliers d'un ensemble de doctrines et d'études pratiques, connues sous le nom d'*Hermétisme* ou d'*Occultisme*.

L'Occultisme forme un corps de doctrines, immuable quant à ses principes à travers les âges, et ayant une façon toute particulière d'expliquer la constitution de l'univers et de l'homme ainsi que les actions de ces deux puissances, et même d'une troisième, l'une sur l'autre.

Quelle est la valeur des théories présentées par l'Occultisme pour expliquer scientifiquement des faits en apparence merveilleux ? C'est ce que l'avenir seul peut décider. Il est cependant curieux de constater l'existence de cette doctrine, restée immuable quant à ses principes, depuis Platon (je dirais même depuis Moïse, si j'osais) jusqu'en plein xixᵉ siècle et même presque jusqu'au début du xxᵉ siècle.

Cette doctrine, loin d'être sur un point quelconque en contradiction avec la Science actuelle, prétend au contraire introduire dans cette science des méthodes d'investigations toutes nouvelles, grâce auxquelles on pourrait réaliser très rapidement cette synthèse générale tant désirée. Il ne s'agit pas de renverser les procédés employés jusqu'à ce jour ; loin de là, il s'agit au contraire d'*adjoindre* toute une nouvelle classe de travailleurs à ceux qui existent. A côté des recherches analytiques poursuivies dans chaque branche du savoir humain évoluent parallèlement les recherches *synthétiques* groupant au fur et à mesure tous les faits étudiés d'après une méthode et d'après une série de lois, identiques pour toutes les sciences, aussi diverses soient-elles. Nous ne saurions trop répéter qu'il ne s'agit pas de révolutionnaires ignorants prétendant tout renverser et tout détruire pour faire mieux ; loin de là. Ce qui a été fait jusqu'à ce jour par cette admirable génération des savants modernes est trop beau, trop consciencieux et dénote une abnégation trop grande pour ne pas imposer l'admiration et le respect à tout travailleur vraiment impartial.

Les ouvrages concernant la Science occulte se divisent donc en plusieurs branches très distinctes :

1º Certains auteurs s'occupent de la restitution de l'Occultisme, soit dans son ensemble soit dans ses parties ; de là de longues études archéologiques et critiques sur l'Egyptologie, l'Orientalisme, la Linguistique, et les philosophies et les religions de l'Orient ; sur l'histoire des sociétés secrètes dans l'antiquité et, à notre époque, l'Alchimie, la Kabbale et la Gnose, etc., etc.

On voit déjà le nombre de chercheurs et d'ouvrages nécessaires à la bonne division du travail dans cette première classe.

2º D'autres auteurs, s'étant bien assimilé la méthode nouvelle apportée par la Science Occulte, ne s'occupent plus de ces travaux de restitution et consacrent tous leurs efforts à l'étude synthétique de nos sciences actuelles. Ceux-là deviendront de plus en plus nombreux, car là se trouve l'avenir ouvert devant tout travailleur consciencieux.

3° Enfin, outre ces deux classes d'auteurs bien nettement différenciées, il en existe une autre assez difficile à classer. Ce sont ceux qui s'occupent des recherches pratiques et de l'étude expérimentale de certaines forces soit naturelles, soit humaines encore trop peu connues.

Ainsi qu'on le voit par ce qui précède, le domaine embrassé par l'Occultisme est très vaste, et cependant tous les auteurs vraiment compétents useront toujours de la même méthode, mettront toujours en jeu la même loi, qu'il s'agisse d'étudier la marche d'un univers, d'un peuple, d'une idée, la constitution de l'homme ou l'apparition et le mode de manifestation d'un fantôme enregistré par l'appareil photographique ou par le rouleau curseur de Marey.

Nous ne dissimulerons pas que les études préparatoires sont difficiles, pour ceux surtout qui veulent arriver à l'application de l'Occultisme à nos sciences exactes. Pour développer une science, il faut la connaître; de là la nécessité d'une instruction solide prouvée non pas seulement par les diplômes, véritables primes à la mémoire, mais encore par le courage au travail et la recherche opiniâtre de la porte du sanctuaire interdit aux profanes.

Voilà pourquoi les anciens élèves des écoles Polytechnique, Normale Supérieure ou des Hautes Études, des Facultés des Sciences, de Médecine ou de Droit, comptent pour beaucoup dans les rangs des occultistes.

Si nous ajoutons que cette adhésion au courant scientifique, indépendant du courant officiel, ne trouve aux adhérents aucun encouragement de la part des autorités établies; que, loin de là, ceux qui se dévouent à ces études difficiles sont, comme les éclaireurs d'avant-garde, exposés à toutes les attaques sans presque aucun moyen de défense, on rendra justice aux efforts faits dans ces conditions, quels que soient les résultats obtenus.

*
* *

Outre l'Occultisme, il existe d'autres écoles ayant également une *bibliographie* spéciale et dont il me faut dire quelques mots.

Nous avons déjà parlé du *Magnétisme* ; quand nous aurons dit que l'*Hypnotisme* est le « mea culpa » des académies revenant à ce qu'elles avaient excommunié, nous aurons tout dit sur cette question.

Parmi les études tout à fait particulières sur un point spécial, nous devons citer le *Spiritisme* et ses théories. Dans ses études il faut faire une distinction primordiale, faute de laquelle tout s'embrouille.

Il faut séparer les travaux des expérimentateurs indépendants sur les phénomènes produits par cette force, encore si peu connue, qu'on appelle aujourd'hui *force psychique*, des théories à priori avancées par les diverses écoles pour l'explication de ces phénomènes.

Un bon nombre de savants éminents ont étudié les manifestations diverses de la force psychique, mais la plupart se sont gardés, comme de la peste, des théories qu'on voulait leur imposer en même temps que les faits produits, et ils ont eu pleinement raison.

Ainsi supposons qu'une table remue en dehors de tout contact physique et que la force qui produit ce phénomène manifeste des preuves évidentes d'intelligence.

Le spirite intransigeant veut que ce soit un esprit, allié au périsprit du médium, qui se manifeste ainsi.

L'occultiste intransigeant veut que ce soit le corps astral du médium tout seul, sans aucune espèce d'esprit défunt, qui récite aux assistants leurs propres pensées.

De là des polémiques et des chamailleries aigres-douces entre le spirite et l'occultiste.

Eh bien, et le savant?

Le savant veut constater tout bonnement que la table remue sans contact. Il remplace ses yeux par des enregistreurs mécaniques, il répète le phénomène, l'étudie sous toutes ses faces ; puis il dit :

La table remue sans contact. Le mouvement semble produit par quelque force intelligente. J'en suis sûr.

Et voilà tout.

Là-dessus le spirite affirme que cette intelligence est celle d'une âme désincarnée, l'occultiste prétend que c'est là tout bonnement celle du médium se manifestant par un procédé bien connu en Hermétisme; laissons ces braves contradicteurs se prendre aux cheveux et faisons le plus possible comme le savant, qu'il s'appelle Crookes ou Lombroso.

Peut-être sera-t-on tenté de me demander mon avis personnel sur cette question. Voilà quatre ans que je fais des expériences à ce sujet et ma conclusion actuelle, après bien des déboires et des découragements, est que l'occultiste semble avoir raison neuf fois et le spirite une fois, sur dix expériences sincèrement exécutées par le médium.

Si nous ajoutons que, sous le nom de *Télépathie* ou *Hallucination télépathique*, certains savants français sont en train de découvrir l'Amérique, c'est-à-dire cette branche spéciale de recherches, nous aurons terminé avec cette question de la force psychique.

J'ai bien peur que l'*Hallucination télépathique* ne soit à la force humaine ce que l'*Hypnotisme* est à la force physiologique, un *mea culpa* de la science officielle. Enfin nous verrons.

*
* *

Il me reste, pour terminer, à parler d'une secte bizarre qui fit son apparition en France en 1884, y subit échecs sur échecs, trompa par ses belles paroles pas mal d'auteurs encore naïfs, comme votre serviteur, et qui, tombée aujourd'hui au plus bas, fait des efforts surhumains pour émerger de nouveau; cela s'appelle la *Société Théosophique*.

Mon devoir d'historien me force à la nommer; mais mon devoir de dupe me force à vous dire quelques vérités à son sujet. L'un me fera pardonner l'autre.

La Société Théosophique, fondée à New-York en 1875, est, à mon avis, la plus aimable charge d'atelier du XIX\ue siècle.

Son enseignement soi-disant ésotérique consiste à faire lire à ceux qui ont versé 25 fr. de droit d'entrée des révélations faites aux fondateurs par des « Mahatmas » ou Hommes-Dieux tenant leurs assises au Thibet.

Ces révélations, qu'on paye si cher, sont constituées par

des traductions d'anglais en français d'une partie des enseignements, à l'origine écrits en français, d'Eliphas Lévi, de Claude de Saint-Martin et de Fabre d'Olivet sur la constitution ternaire et septénaire de l'homme et sur la réincarnation et ses lois. De plus on vous donne sous le nom de « Bouddhisme ésotérique » des « mystères de mystères » que vous trouvez avec bien d'autres développements, non pas au Thibet, mais... à la bibliothèque nationale et surtout dans les archives du musée Guimet.

Augustin Chaboseau a fourni à ce sujet tous les renseignements bibliographiques désirables, dans son *Essai de Philosophie bouddhique*, ouvrage fort sérieux où l'on trouve une foule de données que les (M. S. T.) attendent .core de la révélation des Mahatmas du Thibet : ainsi le nombre exact d'années que comporte l'évolution des mondes et des races, plus une foule d'autres données qu'il m'est impossible d'énumérer.

Ajoutez à cela que les malheureux chercheurs qui s'avisent d'êtres sceptiques à l'égard de cette adorable société sont traités de tous les termes les plus choisis que possède la langue française.

J'en sais quelque chose, et j'en ris encore. Du reste le lecteur désireux de plus amples renseignements sur la Société Théosophique peut s'adresser indifféremment :

1° Au directeur de la *Revue Scientifique*, M. Charles Richet (et lire le numéro de cette Revue du 16 avril 1887) ;

2° A n'importe quel professeur d'Orientalisme de n'importe quelle faculté d'Europe ;

3° A Paris, aux spécialistes du musée Guimet ou à leurs travaux sur les Religions de l'Inde.

Nous résumons, dans une classe spéciale à la *Bibliographie*, des ouvrages concernant la Théosophie que nous séparerons de la Société Théosophique.

*
* *

Il est temps maintenant de résumer toutes les classifications que nous avons faites, de manière à bien montrer au lecteur le plan suivi dans cet exposé des livres modernes publiés par les différentes écoles dont nous avons parlé sur toutes les branches de ces études.

PREMIÈRE PARTIE :

DEUXIÈME PARTIE :

TROISIÈME PARTIE :

REVUES ET SOCIÉTÉS

PAPUS.

PREMIÈRE PARTIE

I

OCCULTISME

La Science occulte est une science synthétique appliquant, à toutes les connaissances, des méthodes peu connues jusqu'ici, principalement l'analogie.

L'étude de la Science occulte permet de ramener à un même principe toutes les sciences, toutes les philosophies et toutes les religions, et permet de plus de trouver le lien qui réunit la science à la foi, la métaphysique à la physique.

Au point de vue pratique, la science occulte étudie une série de forces encore peu connues en partant de ces deux principes fondamentaux : *le hasard n'existe pas, le surnaturel n'existe pas.*

Dans ces dernières années, l'Occultisme a conquis en Europe une place des plus importantes.

PAPUS

TRAITÉ MÉTHODIQUE

DE

SCIENCE OCCULTE

LETTRE-PRÉFACE DE Ad. FRANCK

MEMBRE DE L'INSTITUT

« Concilier la profondeur des
« vues théoriques de l'antiquité
« avec les résultats et la puissance
« de l'expérimentation contempo-
« raine. »   (L. LUCAS).

AVEC 400 GRAVURES ET TABLEAUX — 2 PLANCHES PHOTOTYPIQUES HORS TEXTE
SUIVI D'UN GLOSSAIRE DE LA SCIENCE OCCULTE
ET D'UN DICTIONNAIRE ALPHABÉTIQUE DE TOUS LES TERMES
ET DE TOUS LES AUTEURS CITÉS

Un fort volume in-8° raisin de 1200 pages.   **16 fr.**

Depuis quelque temps nous assistons à une singulière évolution de l'esprit humain. Chacun veut connaître les enseignements de la Kabbale, du Bouddhisme, de la Magie et de toutes les doctrines qui montrent comment la Science vient appuyer les anciennes traditions et les données de la Foi, loin de les détruire. — Il n'existait pas jusqu'à présent d'ouvrage mettant chaque lecteur à même de posséder rapidement ces questions sans grande connaissance philosophique ou scientifique antérieure. Cette lacune vient d'être heureusement comblée.

Le *Traité méthodique de Science occulte* de PAPUS est une véritable encyclopédie de la question, composée de telle sorte qu'on peut y trouver, soit seulement les données générales sur la doctrine secrète et ses enseignements touchant la Naissance et la Mort, soit les études techniques les plus détaillées sur les Nombres, sur la Kabbale, sur l'Alchimie, la Franc-Maçonnerie, etc., avec une traduction correcte des 10 premiers chapitres de la Genèse. Ce livre est donc utile à tous, lecteurs mondains, savants et philosophes.

Un glossaire de termes techniques et deux tables alphabétiques accompagnent ce volume de 1200 pages; 400 tableaux et gravures, 3 pi:: hes hors texte éclairent les passages difficiles; enfin une table particulic:c permet au lecteur de retrouver les extraits des 485 auteurs cités. M. AD. FRANCK (de l'Institut) a bien voulu écrire la préface de cet important ouvrage, auquel plusieurs œuvres littéraires récentes donnent un cachet tout particulier p'actualité.

SAINT-MARTIN (L. C. DE). — *Les Nombres*, œuvre posthume,
1 vol., autographié (très rare) . . . . 5 »

Cette édition contient un portrait du « Philosophe inconnu ». Les
Nombres diffèrent de tous les ouvrages de Saint-Martin. — C'est
en effet en réunissant des notes éparses et sans aucun lien, que
M. Schauer a constitué ce petit volume. — De là les obscurités nombreuses qu'il contient et la difficulté de sa lecture.

SAINT-YVES D'ALVEYDRE. — *La Mission des Juifs*, 1 vol. in-8
de 947 pages. . . . . 20 »

La *Mission des Juifs* renferme sous la forme historique un résumé
colossal de connaissances sur l'antiquité, sur l'homme, sur l'univers
et sur l'évolution de l'humanité. — Il manque à ce volume pour être
parfait une table alphabétique des matières et un index bibliographique. — Beaucoup de sources sont cependant citées.

— *La Mission des Souverains*, 1 vol. . . . . . 10 »

Exposé philosophique de l'histoire de l'Europe moderne, éclairée
par d'importantes considérations sur la politique générale des nations
occidentales et sur leurs buts secrets. — L'auteur démontre la nécessité de la Synarchie comme forme gouvernementale devant faire
cesser toutes les divisions politiques.

— *La Mission des Ouvriers*, 1 vol. . . . . 2 »

Discours sur la Synarchie adressé aux ouvriers.

— *La France vraie*, 1 vol. 7 50

Exposé philosophique de l'Histoire de France démontrant l'existence de la Synarchie comme cause du salut de la Nation dans ses
plus grandes crises. — Des documents importants sur les Etats
généraux sont mis au jour. — L'auteur a malheureusement sacrifié
tout à la solidité du fonds ; de là l'aridité de l'ouvrage en plusieurs
points.

— *Jeanne Darc victorieuse*, dédiée à l'armée française, poème,
1 vol. in-8. . . . . 5 »

Une préface contenant des considérations très curieuses de politique
générale et développant des points nouveaux et inaperçus sur la
mission de Jeanne Darc, un exposé bibliographique complet sur la
question ; enfin un poème, véritable chef-d'œuvre d'exactitude et
d'inspiration, font de cet ouvrage un des plus beaux de l'auteur.

SCHURÉ (ÉDOUARD). — *Les Grands Initiés*, 1 fort vol. in-8
(500 pages). 7 50

Rama — Krishna — Hermès — Moïse — Orphée — Pythagore — Platon — Jésus.

Le rédacteur si sympathique de la *Revue des Deux Mondes* a condensé en ce volume les données les plus nouvelles fournies par la
Science occulte sur l'histoire des grands initiateurs religieux de
l'humanité.

La *Vie de Jésus* forme une étude qui ne peut manquer d'intéres-
ser vivement tous les lecteurs par la nouveauté des idées exposées.

COMTE DE LARMANDIE
COMMANDEUR DE GEBURAH

EÔRAKA
NOTES
SUR L'ÉSOTÉRISME
PAR
Un Templier de la R † C † C
Un volume in-18. Prix : **3 *fr.* 50**

On peut reprocher à cet ouvrage deux choses : les procédés de polémique personnelle et les tendances cléricales qui y sont développées.

Mais il n'en reste pas moins vrai que l'*Eôraka* du Comte de Larmandie contient de fort belles pages et nous initie à des faits pratiques bien curieux dont l'auteur a été témoin principal. Le but cherché est la possibilité, pour un catholique, d'admettre les données de la Science Occulte.

Mgr d'Hulst a jugé l'ouvrage assez important pour lui consacrer une réfutation de 18 pages dans le *Correspondant*.

PAPUS

LA SCIENCE DES MAGES
et ses applications théoriques et pratiques
Brochure in-18
PETIT RÉSUMÉ DE LA SCIENCE OCCULTE. **0 30**

L'OCCULTISME
Brochure in-16 de 13 pages
Prix. . . . . **20 centimes**
Résumé des théories de la science occulte dans ses grandes lignes

LERMINA (Jules). — *Magie pratique*, révélation des mystères de la vie et de la mort, 1 vol. 3 50

Nous ne pouvons trop conseiller ce volume aux personnes qui veulent connaître les principaux phénomènes invoqués par les partisans actuels de l'occultisme en faveur de leurs doctrines, ainsi que les théories des diverses écoles dans leurs rapports avec les données toutes récentes de l'Evolution.

G. VITOUX

L'OCCULTISME
SCIENTIFIQUE

Prix. . . . . **1** *fr.*

Etude sur l'Influence réciproque de la Science expérimentale et de l'Occultisme. Cette très intéressante brochure a eu un grand et légitime succès.

VURGEY

Trois Adaptations du Microcosme
L'AME, LES SEPT PRINCIPES DE L'HOMME ET DIEU
Schémas pantaculaires
PRÉFACE DE PAPUS (P. G. E.)

Brochure in-16, avec dessins. . **1 fr. 50**

Clef des rapports de l'âme et du corps dans le Microcosme, de la Nature et de l'Homme dans le Macrocosme.

PLYTOFF. — *Les Sciences Occultes*, 1 vol. in-16, avec dessins 3 50

Bon résumé des principales théories de l'Occultisme. La plus grande partie des développements présentés dans cet intéressant petit volume est tirée, avec nombreux renvois du reste, du *Traité élémentaire de Science Occulte*.

PLYTOFF. — *La Magie*, 1 vol. in-16, avec dessins . . 3 50

Développement de la partie philosophique du précédent ouvrage. Mêmes remarques générales. Ces deux volumes pourront être recommandés aux personnes qui veulent avoir une idée générale de l'Occultisme.

NEHOR

LES MAGES

ET LE

SECRET MAGIQUE

Brochure in-16 . . . . » 50

PAPUS et A. CHABOSEAU

PETIT GLOSSAIRE

DES

PRINCIPAUX TERMES TECHNIQUES

Couramment employés dans les Livres et Revues

Traitant d'Occultisme, de Théosophie, de Kabbale, de Franc-Maçonnerie, de Spiritisme, etc., etc.

Brochure grand in-8 de 26 pages . . . . . » 50

Ce Glossaire, *tiré à très petit nombre*, contient une foule de renseignements précieux pour les occultistes.

OUVRAGES

D'EMMANUEL SWEDENBORG

Swedenborg, chacun le sait, est un des principaux savants de son époque qui tout à coup a pénétré par vision directe les mystères du « monde astral ». La lecture des ouvrages de Swedenborg est donc vivement recommandée à tous les occultistes.

Écrits de Swedenborg traduits par LE BOYS DES GUAYS

Du Ciel et de ses merveilles et de l'Enfer, d'après ce qui a été vu et entendu par l'auteur, traduit en français par Le Boys des Guays et Larlé, avec index, 2ᵉ édit. 1 vol. in-8. . . . . 3 »

La Vraie Religion chrétienne, contenant toute la théologie de la
Nouvelle Eglise, 2° édit. 2 vol. in-8. . . . .   8 »
Appendice à la Vraie Religion chrétienne, 1 vol. in-12 . . . .   1 »
Arcanes célestes qui sont dans l'Ecriture sainte, ou la Parole du Sei-
gneur, avec les merveilles qui ont été vues dans le Monde des
Esprits et dans le Ciel des Anges. — Premier ouvrage théologique,
publié par Swedenborg (Londres, 1745-1756), comprenant l'explication du sens spirituel de la Genèse et de l'Exode, avec index
méthodique ou table par Le Boys des Guays, 18 vol. in-8 . 90 »
Index des noms et des choses contenues dans les *Arcanes célestes*,
ouvrage posthume de Swedenborg, 1 vol. in-8 . . . . . .   4 »
Apocalypse révélée, dans laquelle sont dévoilés les Arcanes qui y
sont prédits, et qui jusqu'à présent ont été profondément cachés
(original latin : Amsterdam, 1766) 3 vol. in-12, avec table anal. et
index à la fin du 3° vol . . . .   9 »
L'Apocalypse expliquée selon le sens spirituel, travail préparatoire à
l'*Apocalypse révélée*, 7 vol. in-8. . . . . 35 »
Index général des passages de la parole cités dans les écrits de Swedenborg, par Le Boys des Guays, in-8 . . . . 20 »
Scriptura sacra seu Verbum Domini, ex lingua originali latina
duce Emmanuel Swedenborgio translata. — Accedunt sensus spi-
ritualis explicationes ex ejusdem operibus theologicis collectæ.
Recensuerunt, suppleverunt, notas adjecerunt J.-F. Steph., Le Boys
des Guays et J.-B.-Aug. Harlé. Pars tertia, *Psalmi* 1 vol. in-8 10 »
Idem... Pars quarta, *Libri Prophetici*, tomus I (totius Operis VII)
Esaïas, in-8. . . . .   5 »
Idem... Pars quarta, *Libri Prophetici*, tomus II Jeremias in-8.   5 »
Idem... *Novum Testamentum*, Mattheus, Marcus, Luca, Joannes. —
1 vol. in-8 . . . . 12 »
Cette traduction latine de la *Parole de Dieu*, d'après les écrits de
Swedenborg, sera continuée par l'impression des manuscrits lais-
sés par Le Boys des Guays.
Exposition sommaire du sens interne des Prophètes et des Psaumes.
1 vol. in-8, 2° éd. 1885. . . . .   3 »
Du Divin Amour et de la Divine Sagesse, ouvrage posthume, 1 vol.
in-8 . . . .   3 »
La Sagesse angélique sur le Divin Amour et la Divine Sagesse, 1 vol.
in-12 (2° éd. 1887).
La Sagesse angélique sur la divine Providence, 1 vol. in-12 (2° édit.
1887) . . . .   3 »
Délices de la Sagesse sur l'amour conjugal ; à la suite sont placées
les voluptés de la folie sur l'amour scortatoire, in-12, avec table
analytique et index, 2° édit. 1887. . . . .   6 »
Les Quatre Doctrines sur l'Ecriture Sainte, sur la Foi, sur le Seigneur,
sur la Vie, 1 vol. in-12 . . . .   3 »
Chaque doctrine séparément, 1 vol. in-12 . . . .   » 75
Doctrine de la Charité, in-8 . . . .   1 »
Idem . . . . in-12 . . . .   » 75
Idem . . . . in-32 . . . .   » 50
Doctrine de la Nouvelle Jérusalem sur la Charité, ouvrage posthume,
1 vol. in-32. . . . .   » 50
*Des Biens de la Charité, ou Bonnes Œuvres et Explications du Déca-
logue*, 1 vol. in-8 . . . .   1 »
Idem. . . . . . . 1 vol. in-32 . . . .   » 50

De la Nouvelle Jérusalem et de sa doctrine céleste, d'après ce qui a été entendu du Ciel, 1 vol. in-18. . . . . 1 50
Exposition sommaire de la doctrine de la Nouvelle-Église, 1 vol. in-12 . . . . » 75
Du Commerce de l'Ame et du Corps, 1 vol. in-12 . . . . » 75
Du Jugement dernier et de la Babylonie détruite (Apoc., chap. xviii), 4 vol. in-12, avec table anal. . . . . 2 »
Continuation sur le Jugement dernier et sur le Monde spirituel, 1 vol. in-12, avec table. . . . . 1 »
Des Terres dans notre monde solaire, qui sont appelées Planètes, et des Terres dans le Ciel astral ; de leurs Habitants, de leurs Esprits et de leurs Anges, d'après ce qui a été entendu et vu par l'auteur, 1 vol. in-12, avec table anal. et Index . . . . 1 »
Du Cheval Blanc, dont il est parlé dans l'Apocalypse (ch. xix) et ensuite *de la Parole et de son sens Spirituel* ou Interne, 1 vol. in-12, avec table anal. et Index . . . . 1 »
Les Psaumes, traduction littérale en français, par Le Boys des Guays et Harlé, avec les sommaires du sens interne, d'après Swedenborg, 1 vol. in-32. . . . . 1 50
Le Nouveau Testament : (Les quatre Évangélistes, et *Apocalypse*.) Traduction littérale, par J.-F.-S. Le Boys des Guays et J.-B.-A. Harlé, 1 vol. in-32. . . . . 1 50
L'Évangile, même trad. sans l'Apocalypse), in-32 . . . . . . 1 »
Doctrine sur le Dieu Triun, 1 vol. in-32. . . . . 1 »
Traité des Représentations et des Correspondances, in-32. . . 1 50
De la Toute-Présence et de la Toute-Science de Dieu, in-32. . » 25
De la Parole et de Sa Sainteté, in-32. . . . . » 25
Des Joies du Ciel et des noces dans le Ciel. Extrait de l'*Amour conjugal*, in-12 . . . . » 50
Neuf Questions sur la Trinité, etc. proposées à E. Swedenborg, par Th. Hartley, réponses ; in-18. . . . . » 25
Autobiographie de Swedenborg, in-18. . . . . » 25
Plusieurs exemplaires d'éditions *princeps* d'ouvrages publiés en latin par E. Swedenborg, chaque vol. . . . . » 26

II. — ÉCRITS D'APRÈS SWEDENBORG

AMI DE LA NOUVELLE EGLISE. (Un). *Histoire sommaire de la Nouvelle Eglise* fondée sur les doctrines de Swedenborg. 1870, in-8. 2 »
— *Notice biographique et bibliographique sur E. Swedenborg*, 1875, in-8. . . . . 1 »
— *Etudes sur les religions de l'antiquité*, 1880, in-8. . . . . 1 50
ANONYME. — *Oberlin était disciple de Nouvelle-Jérusalem*, in-8. » 20
— *Notice sur la vie et les écrits d'E. Swedenborg* 1885. . . . » 75
— *Exégèse sur Jean* (ch. xx-xxi), in-8 . . . . » 50
— *Le Véritable Objet du culte chrétien*, in-8 . . . . » 50
BLANCHET. — *Exposition populaire de la vraie religion chrétienne*, 1842, in-12 . . . . » 75
— *L'Humanité et la Rédemption*, 1882, in-12 . . . . 1 »
CHAZAL (Ed. de). — *Discussions sur la Nouvelle-Jérusalem*. 1860, in-18. . . . . » 50
— *Catéchisme de la Nouvelle-Jérusalem pour les enfants* 1860, in-16. . . . . » 50
EDLESTON (le Rév. R. R.). — *La Fontaine de l'Immortalité*, trad. de l'angl. par A. Th. 1862, in-32 . . . . » 25

Fraiche (Capitaine). — *Discours préliminaire pour servir à la lecteur des ouvrages d'E. Swedenborg*, 1818, in-8 . . . . » 50
— *Résumé de mes études sur les vérités révélées*, 1837 in-8 . » 50
— *Le Pain de l'Ame*, in-8 . . . . » 25
Giles (le Rév. Chauncey). — *De l'Esprit et de l'homme comme être spirituel*, trad. de l'angl. par M. *** 1886, in-18 . . . 1 »
Une Nouvelle Dispensation de la vérité divine, trad. de l'angl. par M. *** 1886 . . . . » »
Pourquoi je suis de la nouvelle Église. . . . . 7 »
Hindmarsh. — *Abrégé des principaux points de doctrine de la vraie religion chrétienne* (trad. de l'angl.) deuxième édition. 1862, in-12 . . . . 1 »
— *Lettre du Dr Priestley* (trad. de l'angl. par E. Rollet). 1884, 1864, in-12. . . . . 1 »
Ch. Humann. — *La Nouvelle Jérusalem. Les principes et leurs applications*. . . . . 3 »
Le Boys des Guays. — *L'Apocalypse dans son sens spirituel*. 1841, in-18 . . . . 3 »
— *Lettres à un homme qui voudrait croire*. 1852, in-12. . . . 1 50
— *De la Religion considérée dans son action sur l'état de la Société*. 1862, in-12. . . . . » 75
Noble (le R. P.). — *Appel aux hommes réfléchis* (trad. de l'angl. par E. Rollet), deuxième édition. 1862, in-12. . . . . 1 »
Ch. Nuausban.— *Doute et révélation* . . . . 2 »
Rendell (le Rév.). — *Particularités de la Bible* (trad. de l'angl. par E. Rolzet, in-16. . . . . 1 »
Richer et Le Boys des Guays. *Mélanges*. 1861-65, 4 vol. in-12. 1 50
Richer. — *La Religion du bon sens*, deux. édit. 1860, in-12. . 1 50

PAPUS

SOUS PRESSE :

PREMIERS PRINCIPES

DE

SCIENCE OCCULTE

Théorique et Pratique

1 vol. in-18 avec gravures, entièrement inédit. . . **3 fr. 50**

II

KABBALE ET LANGUE HÉBRAIQUE

Le mot *Kabbale* signifie *tradition*.

D'après certains auteurs, la Bible est incompréhensible sans une explication secrète. Cette explication aurait été donnée oralement par Moïse à certains hommes choisis et transmise ainsi de génération en génération. Cependant à une certaine époque la peur de perdre la tradition aurait déterminé ses possesseurs à l'écrire, le plus symboliquement possible, du reste. De là l'origine des deux livres fondamentaux de la Kabbale : le *Sepher Jesirah* et le *Zohar*.

1° ÉTUDES TECHNIQUES

FRANCK (AD.) (de l'Institut). — *La Kabbale* ou la doctrine religieuse des Hébreux, 1 vol. in-8, 1889. . . . . .   7 50

Le livre de M. Franck est un résumé complet des doctrine principales contenues dans les deux livres fondamentaux de la Kabbale : le *Zohar* et le *Sepher Jesirah*. La partie critique établissant l'origine scientifique de ces deux livres est un véritable chef-d'œuvre d'érudition et de savoir.

L'étude de M. Franck ne renferme malheureusement aucun développement touchant les points de Science occulte qu'aborde souvent la Kabbale. Malgré tout, ce volume doit être lu et médité par tous ceux qui s'intéressent à ces questions.

GUAITA (STANISLAS DE). — *Essai de sciences maudites. Au seuil du mystère*, 2ᵉ édition . . . .   6 »

Stanislas de Guaita est l'un des kabbalistes contemporains les plus savants et les plus aimés des lecteurs d'Occultisme.

Ce volume n'est que le prélude, l'entrée en matières du grand travail que prépare l'auteur : *Le Serpent de la Genèse*, véritable étude transcendante d'occultisme, dont le premier volume, dernièrement paru, a mérité d'unanimes éloges à Stanislas de Guaita. (Voir page 25.)

JHOUNEY (ALBER). — *Le Royaume de Dieu*, 1 vol. in-8, 1887.   4 »

Etude kabbalistique estimée. — Développement d'importantes théories de l'auteur sur la Science, la Religion et l'organisation sociale.

Voici comment Stanislas de Guaita juge le *Royaume de Dieu* :

Le *Royaume de Dieu* tient enclose, en moins de cent pages, toute la substance théologique et dogmatique de la kabbale. — C'est par une opération d'alchimie merveilleuse que M. Alber Jhouney a su condenser, tout en élucidant la forme et le fonds même, ce que Rabelais eût appelé « la substantifique mouelle » du Zohar. (*Essai de Sciences maudites*, p. 178.)

PAPUS

LA

KABBALE

RÉSUMÉ MÉTHODIQUE

CONTENANT

l'Alphabet hébraïque et ses mystères,
les noms divins, les Séphiroth (étude spéciale de Stanislas de Guaita),
la Philosophie de la Kabbale,
l'Ame d'après la Kabbale (étude spéciale de Karl de Leiningen),
la traduction des trois ouvrages kabbalistiques :

Le Sepher Jesirah — Les Trente-Deux Voies de la Sagesse
Les Cinquante Portes de l'Intelligence

PRÉCÉDÉ DE LA

CLASSIFICATION DES OUVRAGES SE RAPPORTANT A LA TRADITION HÉBRAÏQUE

ET SUIVI D'UNE

BIBLIOGRAPHIE RÉSUMÉE DES OUVRAGES KABBALISTIQUES

CLASSÉS PAR IDIOMES ET PAR MATIÈRES

AVEC DEUX TABLES ALPHABÉTIQUES

Lettre de Ad. FRANCK de l'Institut

Paris, le 23 octobre 1891.

MONSIEUR,

J'accepte avec le plus grand plaisir la dédicace que vous voulez bien m'offrir de votre ouvrage sur la *Kabbale*, qui n'est pas un *essai*, comme il vous plaît de l'appeler, mais un livre de la plus grande importance.

Je n'ai pu encore que le parcourir rapidement ; mais je le connais assez pour vous dire que c'est, à mon avis, la publication la plus curieuse, la plus instructive, la plus savante qui ait paru jusqu'à ce jour sur cet obscur sujet.

Je ne trouve à y reprendre que les termes beaucoup trop flatteurs de la lettre à mon adresse dont vous la faites précéder.

Avec une rare modestie, vous ne me demandez mon opinion que sur le travail bibliographique par lequel se termine votre étude.

Je n'oserais pas vous affirmer qu'il n'y manque absolument rien ; car le cadre de la Science Kabbalistique peut varier à l'infini ; mais un travail bibliographique aussi complet que le vôtre, je ne l'ai rencontré nulle part.

Veuillez agréer, Monsieur, avec mes félicitations et mes remerciements l'assurance de mes sentiments dévoués.

Ad. FRANCK.

AVEC VINGT FIGURES ET TABLEAUX ET DEUX PLANCHES HORS TEXTE

La seconde partie de l'ouvrage est tirée du *Traité méthodique de Science Occulte*. La Bibliographie est entièrement inédite ainsi que toute la première partie.

KAUTZSCH (E.). — *Exercices hébreux*, d'après le manuel hébreu-allemand de Kautzsch mis en corrélation avec la grammaire hébraïque de Preiswerk, par A. Perrochet, 1 vol. in-8° 1887 . . . . 3 50

ÉTUDES SUR L'APOCALYPSE — Le chiffre 666 et l'hypothèse du retour de Néron. — Les chapitres x et xi. — Le millenium, 1 vol. in-8, 1884. . . . . 3 50

DELAAGE (HENRY). — *La Science du vrai*, 1 volume grand in-8 jésus. . . . . 3 »

Etude fort intéressante sur l'Initiation dans l'antiquité et sur ses divers enseignements.

L'auteur fait cependant trop de concessions au cléricalisme.

LA SCIENCE SECRÈTE. 1 vol. in-18 . . . . . . 3 50

Un traité de F.-CH. BARLET sur *l'Initiation et la Science actuelle*, une étude de EUGÈNE NUS sur la *Théosophie*, un travail très-original de JULIEN LEJAY sur l'application de la Science occulte à *l'économie politique*, le discours *d'Initiation Martiniste* de STANISLAS DE GUAITA, et un exposé complet de la *Kabbale* par PAPUS font de ce petit volume un véritable recueil synthétique d'études aujourd'hui introuvables.

2° ÉTUDES DIDACTIQUES ET PHILOSOPHIQUES

FABRE D'OLIVET. — *La Langue hébraïque restituée*, 2 volumes in-4. Edition unique, 1815-1816, très rare . . . 30 »

La Langue hébraïque restituée, et le véritable sens des mots hébreux, rétabli et prouvé par leur analyse radicale.

Ouvrage dans lequel on trouve réunis :

1° *Une Dissertation introductive sur l'origine de la parole*, l'étude des langues qui peuvent y conduire est le but que l'auteur s'est proposé;

2° *Une grammaire hébraïque*, fondée sur de nouveaux principes et rendue utile à l'étude des langues en général.

3° *Une série de Racines hébraques*, envisagées sous des rapports nouveaux et destinées à faciliter l'intelligence du langage et celle de la science étymologique.

4° *Une dissertation préliminaire*

5° *Une traduction en français des dix premiers chapitres du Sepher*, contenant la cosmogonie de Moïse.

Cette traduction, destinée à servir de preuve aux principes posés dans la *Grammaire* et dans le *Dictionnaire*, est précédée d'une *Version littérale* en français et en anglais, faite sur le texte hébreu présenté en original avec une transcription en caractères modernes et accompagnée de notes grammaticales et critiques, où l'interprétation donnée à chaque mot est prouvée par son analyse radicale, et sa confrontation avec le mot analogue samaritain, chaldaïque, syriaque, arabe ou grec.

III

MAGIE ET SORCELLERIE

La Magie étudie la mise en pratique des forces occultes de la Nature et de l'Homme. Si ces forces sont actionnées en vue du mal ou dans un intérêt égoïste, on donne naissance à la *Magie noire* ; si, au contraire, elles sont mises en action pour le bien et dans l'intérêt de tous c'est la *Magie blanche* qui se révèle.

A la suite de phénomènes produits par les vrais thaumaturges, certains charlatans essayèrent de reproduire une partie de ces faits au moyen d'appareils divers ou de mouvements illusionnant les spectateurs ; de là la *prestidigitation* qui est élevée dans l'Inde à la hauteur d'une véritable science.

ÉLIPHAS LÉVI. — Les travaux d'Éliphas Lévi sur la science des anciens mages forment un cours complet divisé en trois parties :

La première partie contient le *Dogme* et le *Rituel de la haute magie* ; la seconde, l'*Histoire de la magie* ; la troisième, la *Clef des grands mystères*.

Chacune de ces parties, étudiées séparément, donne un enseignement complet et semble contenir toute la science ; mais, pour avoir une intelligence pleine et entière de l'une, il sera indispensable d'étudier avec soin les deux autres.

— *Dogme et rituel de la haute magie*, 1861, 2° édition, augmentée d'un *Discours préliminaire sur les tendances religieuses, philosophiques et morales des livres de M. Eliphas Lévi sur la magie*, et d'un article sur la *Magie des campagnes* et la *Sorcellerie des bergers*, 2 vol. in-8 avec 24 figures.   18   »

Cet ouvrage est divisé en *deux parties*. Dans l'une l'auteur établit le dogme kabbalistique et magique dans son entier ; l'autre est consacrée au culte, c'est-à-dire à la magie cérémoniale. L'une est ce que les anciens sages appelaient le *clavicule*; l'autre, ce que les gens de la campagne appellent encore le *grimoire*. Le nombre et le sujet des chapitres qui se correspondent dans les deux parties n'ont rien d'arbitraire et se trouvent tout indiqués dans la grande clavicule universelle, dont l'auteur donne pour la première fois une explication complète et satisfaisante.

— *Histoire de la magie*, avec une exposition claire et précise de ses procédés, de ses rites et de ses mystères, 1860, 1 vol. in-8 avec 90 figures. (Epuisé, très rare.) 25   »

— *La Clef des grands mystères, suivant Hénoch, Abraham, Hermès, Trismégiste et Salomon*, 1861, 1 vol. in-8 avec 22 planches 12   »

Nous conseillons aux lecteurs de débuter non pas par le *Dogme et Rituel*, mais bien par l'*Histoire de la magie*, de continuer par la *Clef des grands mystères* et de terminer par le volume susdit.

ESSAIS DE SCIENCES MAUDITES

II

LE SERPENT DE LA GENÈSE

PREMIÈRE SEPTAINE
(LIVRE I)

LE TEMPLE DE SATAN

(OUVRAGE ORNÉ DE NOMBREUSES GRAVURES)

PAR

Stanislas DE GUAITA

*Très fort volume in-8 carré, de plus de 550 pages, édition de luxe,
illustrée de nombreuses gravures, dont 16 planches hors texte.*

PRIX . . . . **15** FR.

Stanislas de Guaita est aujourd'hui le seul écrivain qu'on puisse
comparer à Eliphas Lévi.

La pureté et la grandeur du style, les profondeurs philosophiques
abordées et la délicatesse apportée dans l'exposé des sujets les plus
troublants font des ouvrages ésotériques de Stanislas de Guaita de
véritables monuments de la Science Occulte.

LE TEMPLE DE SATAN est une étude complète de la *Sorcellerie*
à toutes les époques et sous toutes ses formes, telle, en vérité, que
Stanislas de Guaita était peut-être seul à pouvoir l'écrire. Etayée sur
une masse prodigieuse de documents authentiques, pour une bonne
part inédits, cette étude témoigne encore d'une compétence vraiment
imprévue, en ces matières étranges et troublantes. Enfin, chose plus
rare qu'on ne saurait croire, ce livre substantiel et condensé jusqu'à
l'excès, ce livre bourré de renseignements et de spécifications pré-
cises, n'a rien de difficultueux ou de rébarbatif ; cette œuvre d'érudition et de science, écrite dans une langue souple, limpide et sobre,
bien française, présente l'intérêt et le mouvement d'une œuvre d'imagination : le TEMPLE DE SATAN se lit comme un roman.

A noter, au premier chapitre, le *Procès d'Urbain Grandier;* au
deuxième le *Tableau du Sabbat* et la *Haute Chasse;* au quatrième
l'*Histoire de Gilles de Raiz* et surtout la *Vengeance des Templiers;* tout
le cinquième chapitre, en forme de *dictionnaire*, où l'on a condensé
en 50 pages de petit texte, la matière d'un volume in-8. — Mais le
sixième chapitre réserve surtout une surprise au lecteur : il y trouvera sous ce titre : Le *Carmel d'Eugène Vintras et le grand pontife
actuel de la secte*, la révélation, avec preuves à l'appui, d'une Sodome
mystique, véritable œuvre de prostitution sacrée, qui fonctionne actuellement encore dans plusieurs villes de France. — Recommandons
enfin, au septième chapitre, la *Kabbale de Satan-Panthée* et la note
concernant *A Rebours*, de M. Huysmans.

Le TEMPLE DE SATAN (tome premier du **SERPENT DE LA GENÈSE**), constitue à lui seul un tout parfaitement complet. C'est un exposé des faits et des traditions légendaires, dont le tome II, *Clef de la Magie noire*, fournira ultérieurement l'explication scientifique, et dont le tome III, le *Problème du Mal*, développera la synthèse métaphysique.

Beaucoup de belles reproductions d'anciennes estampes. — On remarque en outre cinq compositions originales (figures symboliques et pantaculaires), qui font le plus grand honneur à M. Oswald Wirth.

Il a été tiré du TEMPLE DE SATAN, trente exemplaires, numérotés à la presse, sur papier des manufactures impériales du Japon. — Prix de l'exemplaire . . . . 30 fr.

Sous presse :

II. LA CLEF DE LA MAGIE NOIRE
III. LE PROBLÈME DU MAL

JOSÉPHIN PÉLADAN

AMPHITHÉATRE DES SCIENCES MORTES

Comment on devient Mage

1 vol. in-8 de xx-308 pages à 7 fr. 50

Couverture pantaculaire dessinée par ALEXANDRE SÉON et *portrait pittoresque* du SAR, en héliogravure, exécuté par G. POIREL.

10 exemplaires sur papier Hollande	12 »
5 — — Whatman	15 »
5 — — Japon	20 »

Après un *Hommage aux ancêtres* et une allocution au *Jeune homme contemporain*, l'œuvre se divise en trois livres: I, le **Septénaire du sortir du siècle**; II, le **Duodénaire de l'ascèse magique** et III, le **Ternaire du Saint-Esprit**.

Chacun des dix-neuf arcanes est suivi d'une *Concordance Catholique*, montrant que la Magie telle que l'enseigne le Sar est un complément harmonieux de la Foi catholique, apostolique et romaine.

I. LE NÉOPHYTE. — Citation du *Vice suprême*, Ier de *l'Éthopée*. —
Nécessité de mourir au siècle pour naître au mystère. —
L'Université, Locuste. — L'Armée, esclavage. — Indignité
des fonctions publiques en démocratie. — La magie inter-
dite à trois catégories : les journalistes, les avocats, les
militaires ; les sept méthodes de magification suivant les
sept planétarismes.

II. LA SOCIÉTÉ. — Citation de *Curieuse*, IIe roman de *l'Éthopée*.
— Définition de l'homme libre : reniement du collectif.
La nation jugée selon le Décalogue : reniement de la natio-
nalité. — Notes sur la barbarie française.

III. RÈGLES DE LA SOCIABILITÉ. — Citation de *l'Initiation sentimentale*, IIIe de *l'Éthopée*. — Les sept abominations : le
café, le cercle, le journal, le jeu, le sport, le lupanar, le
café-concert. — Loi des atmosphères morales. — Règles
pour le choix des fréquentations. — De la femme. — Les
honnêtes seules à fréquenter. — La femme prisme de
décomposition de l'Eros.

IV. DE L'ORIENTATION. — Citation de *A Cœur perdu*, IVe de
l'Éthopée. — L'idéalité seule règle. — Le rapport au divin
en tout. — Défense de faire fortune à l'initié. — Symbolisme du taureau assyrien : En quoi le mage est tout-
puissant.

V. — DE LA PUISSANCE MAGIQUE. — Citation d'*Istar*, V^e roman de
l'Éthopée. — Ne combattre que pour l'idée. — La mort
d'un désir le réalise au négatif. — Type de la journée d'un
initié. — *Vers Dorés*. — Théories de dédain.

VI. DE L'AMOUR. — Citation de *la Victoire du Mari*, VIIe de
l'Éthopée. — L'Eros grec. — Du véritable amour. — L'art
rival heureux de la femme. — Amour, forme séduisante de
la douleur.

VII. DE L'AUTODIDACTIE. — Dater de soi, le mage mystique de
la subtilité, le culte des génies, un seul maître, le Pape.

LE DUODÉNAIRE DE L'ASCÈSE MAGIQUE
Citation de *Cœur en peine* (VIIe de l'Éthopée).

I. QUIDDITÉ. — Proportion du résultat à l'effort. — Dangers de
l'abstraction pure, nécessité d'être artiste. — Du crime de
médiocrité. — Différence entre le salut et la gloire éternelle. — I. Explique Dieu ; II, explique le royaume ; III,
l'homme. La beauté de l'âme est un *sine qua non*, pour le
mage.

II. DE LA MÉTHODE. — Commandements pratiques sur la vie
mondaine. — La femme n'a point de cérébralité. — Con-
centration du Moi, procédés. — L'esprit de silence ; inutilité
de l'intrigue pour le succès du mage.

III. DE LA DESTINÉE. — Des vocations selon le septénaire des planètes : les quatre relativités à considérer en tout. — Correction de l'influx astral. — Les sept facultés, les sept tons de la personnalité.

IV. DE L'EFFORT. — La chevalerie des idées, la vénération des ancêtres, admirables. — Souffrir pour l'idée, apogée de la dignité humaine.

V. DU SACRIFICE. — Réfutation de l'existence antérieure de Pythagore, éclaircissement sur le péché originel : sens parabolique de Kaïn et Abel. — L'Eglise sacrifie l'intellectuel au moral.

VI. DES RENAISSANCES. — Arts perdus, art de naître, d'élever et de mourir. — Castes dans le ciel; Jehanne d'Arc, Fra Angelico, Wagner, Vinci, ne sont pas des mortels. — Explication de l'au-delà de la mort.

VII. DES VARIATIONS. — De la volupté aromale, de l'ardeur en métaphysique. — Le dilettantisme une scélératesse. — Théorie de transfert. — Du temporel à l'éternel.

VIII. DE LA PERVERSITÉ. — Néant de la sorcellerie. — La vérité sur les mensonges récents en matière de sorcellerie.

IX. DE L'IMPUISSANCE. — De la force du Verbe. — La pensée toujours invaincue. — Ne pas provoquer le malheur. — Maniement économique de la mauvaise fortune.

X. DE LA GLOIRE. — Sa définition. — Le véritable héros. — Le siècle n'a plus souci de l'art; que l'art n'ait plus souci du siècle.

XI. DES ENNEMIS. — Des réactions providentielles. — L'ennemi de l'initié, le seul, c'est l'Etat. — Symbole du tigre.

XII. DE LA PROVIDENCE. — La théocratie, seule forme vraie de la politique. La théosophie, seule règle de l'éthique.

LE TERNAIRE DU SAINT-ESPRIT

Citation de l'*Androgyne* et de la *Gynandre* (VIII et IX de l'Éthopée).

L'œuvre du Père ou de la Volonté. — Chevalerie et gestes.
L'œuvre du Fils ou de la Bonté. — Charité.
L'œuvre du Saint-Esprit ou de la Subtibilité. — Art et œuvres.

————

On sait les discussions passionnées qu'a soulevées la personnalité de Joséphin Péladan. Cet ouvrage très curieux et très intéressant est un des seuls traités dictatiques qu'ait publiés l'auteur de *la Décadence Latine*. Il mérite donc d'être lu et étudié par tous les occultistes, quelles que soient leurs idées personnelles d'ailleurs.

Sous presse. — Pour paraître prochainement :

ÉROTIQUE
COMMENT ON DEVIENT FÉE
1 vol. in-8 à 7 fr. 50
Avec couverture symbolique de Alexandre Séon et portrait gravé
inédit du Sar.

ESTHETIQUE
COMMENT ON DEVIENT ARTISTE
1 vol. in-8 à 7 fr. 50
Avec couverture symbolique de Séon et portrait gravé inédit du Sar.

POLEMIQUE
LE TEMPLE DE ROSE-CROIX

DU POTET. — *La Magie dévoilée ou Principes des sciences occultes* (*il ne reste que très peu d'exemplaires de cet ouvrage*), 1 vol. in-4 sur papier fort, avec un portrait de l'auteur et de nombreuses gravures . . . . 100 »
Un expérimentateur sérieux doit toujours connaître et avoir pratiqué les expériences citées dans ce volume. L'auteur ne cédait son ouvrage qu'à ses élèves.

CAHAGNET. — *Magie magnétique ou Traité historique et pratique de fascinations, de miroirs kabbalistiques, d'apports, de suspensions, de pactes, de charmes des vents, de conclusions, de possessions, d'envoûtement, de sortilèges, de magie de la parole, de correspondances sympathiques et de nécromancie*, 2º éd., 1858, 1 vol. gr. in-18 (épuisé).
La partie historique du livre de Cahagnet est bourrée de faits peu connus et authentiques. La partie expérimentale est presque entièrement basée sur le Magnétisme animal. La question des miroirs magiques est pourtant fort bien traitée.
— *Encyclopédie magnétique et spiritualiste, traité de faits physiologiques*. Magie magnétique, swedenborgianisme, nécromancie, magie céleste, 1854 à 1860, 7 vol. gr. in-18. . . 28 »

BADAUD (U.-N.). — *Coup d'œil sur la Magie au XIXᵉ siècle*, 1 fort vol. in-16 . . . . 3 50
Ceux qui s'intéressent *aux faits* rigoureusement étudiés ne peuvent que tirer profit de la lecture de ce petit volume. De toutes nouvelles expériences sur le Magnétisme, l'Hypnotisme et le Spiritisme sont relatées et discutées dans cet ouvrage, qui a en plus le mérite d'être très clair.
Sous ce pseudonyme se cache un ancien capitaine d'artillerie, c'est-à-dire un esprit rigoureux doublé d'une imagination se défiant de tout entraînement.

MARIN (PAUL). — *Thomas Gallardon* 1 vol. in-18 . . . . 3 50
Etudes sur les médiums et thaumaturges au XIXᵉ siècle.

LES CLAVICULES DE SALOMON

TRADUIT DE L'HÉBREU EN LANGUE LATINE PAR LE RABBIN ABOGNASAR,
ET MIS EN LANGUE VULGAIRE, PAR Mgr BARAULT, ARCHEVEQUE D'ARLES

*Reproduction photographique du manuscrit original de la Bibliothèque
nationale.* — 142 *épreuves photographiques, reliure plein maroquin.*

PRIX : **100** FR.

Ce précieux manuscrit est un des rares écrits se rapportant à la *Kabbale pratique* ou magie cérémonielle.
Les grimoires du Moyen-Age en sont des abrégés plus ou
moins fidèles. De mauvaises copies circulent sous ce titre.

La *magie cérémonielle* proprement dite est contenue
dans les soixante premières pages où tous les détails nécessaires des *recettes magiques*, dénaturées par la plupart des
grimoires, sont exposées de la page 60 à la page 85. Qua-
rante-huit *talismans* sont décrits de la page 85 à la page
131 ; enfin le reste du volume est consacré aux *anneaux
magiques* et à leur confection.

ROGER BACON

SOUS PRESSE :

LETTRE SUR LA MAGIE

Brochure in-16 de 50 pages

Traduction et Commentaires

Par ALBERT POISSON

Peu connue cette lettre, et pourtant un des plus précieux ouvrages
de Roger Bacon. Indépendamment de la poudre à canon, des pro-
priétés optiques, des verres et des miroirs, etc., on y trouve nettement expliqué le principe de la *Suggestion mentale*, de la puissance
occulte du Verbe, et surtout le principe de l'hérédité ou atomisin y
est longuement développé.

PAPUS

EN PRÉPARATION :

Traité de Magie Pratique

IV

ALCHIMIE

Branche de la Science occulte qui s'occupe particulièrement de l'application de la Magie aux êtres inférieurs de la Nature (minéraux et végétaux).

Pendant tout le moyen âge les adeptes de la philosophie hermétique possédaient la tradition dans toutes ses branches.

POISSON (ALB.). — *Cinq Traités d'Alchimie, des plus grands alchimistes*, traduits par Albert Poisson, une notice biographique, dessins ; beau volume cartonné. . . . . . 5 »

Vivement recommandé à tous ceux qui veulent prendre connaissance de la littérature alchimique exposée par cinq des plus grands maîtres.

Ce volume a été présenté à l'académie des sciences.

— *Théories et Symboles des Alchimistes*, 1 vol. in-16 carré, orné de 30 belles gravures . . . . 5 »

Les études d'Albert Poisson sur l'Alchimie font autorité dans la matière. Un des premiers, cet auteur a su débrouiller le chaos du symbolisme alchimique et mettre son explication à la portée de tout chercheur sérieux. C'est là un travail considérable qui est appelé à rendre de réels services à tous ceux qui connaissent l'Alchimie, non pas comme la mère de la Chimie, mais bien comme la partie philosophique et métaphysique de la Chimie vulgaire.

Tous les ouvrages de M. Poisson ont été présentés à l'Institut.

MARCUS GRÆCUS

LE LIVRE DES FEUX

Traduit par Albert Poisson

1 brochure in-16 . . . . » 60

ALBERT POISSON

PARIS ALCHIMIQUE

Brochure in-16 . . . . **1 *fr.***

(SOUS PRESSE)

BERTHELOT, de l'Institut. — *Les Origines de l'Alchimie*, un beau volume in-8 cavalier, avec portrait de l'auteur et plusieurs gravures . . . . 15 fr.

Depuis quelques années la science officielle dans la personne du plus éminent d'entre nos philosophes scientifiques, M. Berthelot, s'occupe de l'alchimie. On considère les alchimistes comme de grands enfants, faciles à tromper ; mais estimables logiciens, quoique fort épris du merveilleux. Les « soi-disantes transmutations » obtenues par les alchimistes seraient des alliages et leurs traités les plus respectés seraient apocryphes. Quelle que soit l'opinion du savant chimiste, il a rendu, par la publication d'anciens manuscrits grecs, sur l'alchimie, un signalé service à tous les chercheurs. Souhaitons vivement que dans deux siècles on ne considère pas les travaux éminents de l'auteur comme il considère ceux des maîtres de l'alchimie et que ses ouvrages ne soient pas attribués à un « pseudo Berthelot » comme il attribue certains traités à un « pseudo Albert Grand » ou à un « pseudo Raymond Lulle », — Berthelot, professeur au Collège de France, et C.-E. RUELLE, bibliothécaire de Sainte-Geneviève. — *Collection des alchimistes grecs.*

La publication comprend :

1º Une introduction avec notes scientifiques et nombreuses figures. Cette introduction est due à M. Berthelot ; 2º la réimpression intégrale du plus ancien manuscrit alchimique connu, celui de Saint-Marc, à Venise, avec nombreuses notes philologiques et scientifiques. Le texte grec et les notes philologiques sont dus à M. Ruelle, les notes scientifiques à M. Berthelot ; 3º la traduction française du manuscrit de Saint-Marc, due à M. Ruelle, revisée et commentée par M. Berthelot ; 4º Des tables très détaillées.

L'ensemble de la publication forme environ 1,200 pages in-4º carré sur le type des *Documents inédits* publiés par le Ministère de l'Instruction publique.

L'éditeur ne met en vente que 150 exemplaires numérotés. Prix . . . . 80 fr.

Introduction à l'histoire de la chimie dans l'antiquité et au moyen âge. Avec figures. . . . . 18 fr.

TIFFERAU. — *L'Or et la Transmutation des métaux*, beau volume cartonné toile avec planches. . . . . . . 5 »

Preuves de la synthèse chimique des métaux précieux dans certaines conditions longuement énumérées dans le volume.

M. Tiffereau est un chimiste et ignore totalement les principes de l'alchimie. C'est donc un ouvrage tout particulier et tout scientifique sur la transmutation des métaux.

FIGUIER. — *L'Alchimie et les Alchimistes.* 1 vol. in-16, 3 fr. 50.

VI

EGYPTOLOGIE ET ORIENTALISME

L'origine des diverses traditions se rapportant à la Science occulte est en Orient. L'étude de l'Egypte, de ses enseignements et de ses mystères suffit à elle seule pour montrer la grandeur de la Science occulte et la fertilité de ses applications. Mais l'étude des sciences et des littératures orientales actuelles, construites d'après les révélations de l'ésotérisme, sont aussi d'un très grand secours à l'étudiant actif et recherchant la vérité dans ses multiples manifestations.

Ernest BOSC

ISIS DÉVOILÉE

ou

L'ÉGYPTOLOGIE SACRÉE

1 vol. in-8° de vi-304 pages avec un superbe portrait de l'auteur

HIÉROGLYPHES — PAPYRUS — LIVRES D'HERMÈS — RELIGION —
MYTHES — SYMBOLES — PSYCHOLOGIE — PHILOSOPHIE — MORALE
ART SACRÉ — OCCULTISME — MYSTÈRES — INITIATION — MUSIQUE.

Prix du volume : **4** *francs*

La plupart des travaux faits sur l'Égyptologie sont des études techniques et abstraites, plus utiles aux spécialistes qu'aux occultistes.

M. Ernest Bosc en publiant ce remarquable ouvrage vient de combler une importante lacune. Après l'avoir lu on connaît l'ancienne Égypte avec une foule de détails sur sa science, sa religion, son enseignement secret et ses doctrines sur l'âme et ses transformations. Ce livre répond donc bien à son titre : Isis est bien *dévoilée* pour le lecteur en moins de 350 pages.

Une table alphabétique très détaillée complète ce travail que nous ne saurions trop recommander à nos lecteurs.

LAMAIRESSE. — *L'Inde avant le Bouddha*, 1 vol. in-18 de 350 pages . . . . 4 »

M. Lamairesse était mieux placé qu'un autre pour se renseigner sur son œuvre : un séjour de six ans dans l'Inde, dans de bonnes conditions pour l'observation et pour l'étude, lui a donné des idées très nettes sur les mœurs et les institutions des races diverses, et c'est en toute connaissance de cause qu'il a pu nous présenter son histoire religieuse, philosophique et sociale de l'Inde avant le Bouddha.

— *La Vie du Bouddha*, suivie du Bouddhisme dans l'Indo-Chine in-18 . . . . 4 »

LIGHT OF EGYPT, *ou la Science de l'âme et des étoiles,* en 2 parties. — Texte anglais : 3 dollars. 18 75

EN PRÉPARATION :

LES ENFERS BOUDDHIQUES

Superbe album in-4 contenant 12 planches originales qui représentent les enfers bouddhiques, texte de LÉON RIOTTOR. Préfaces de MM. RENAN, FOUCAUX et LEDRAIN.

Prix : 7 fr. 50

ERNEST BOSC *(MARCUS DE VÈZE)*

EN PRÉPARATION :

ADDHA-NARI
ou
L'OCCULTISME DANS L'INDE ANTIQUE

Un beau volume in-8 . . . . 4 fr.

Ce livre est le pendant de *ISIS DÉVOILÉE* du même auteur. C'est une véritable encyclopédie de tout ce qui concerne l'origine et la haute antiquité de l'Inde.

VI

FRANC-MAÇONNERIE

La Franc-Maçonnerie renferme, cachés sous les symboles de ses rites initiatiques, une grande partie des traditions anciennes. Ces symboles sont incompris de ses membres eux-mêmes. Les initiations primitives, l'ordre du Temple, la Rose-Croix dans toutes leurs branches, se sont fondues dans ce qui constitue aujourd'hui la Franc-Maçonnerie, surtout dans les 33 degrés du Rite écossais ancien et accepté. Dans ces dernières années les Catholiques et surtout les Jésuites se sont beaucoup occupés de cet ordre, et leurs livres fournissent aux chercheurs de bonnes indications à côté d'erreurs monstrueuses, mais du reste profondément ridicules.

RAGON. — *La Messe et ses mystères*, 1 vol. (très rare).   6 fr.

Etude très documentée sur les rapports de la Messe catholique avec les mystères des diverses initiations. Ouvrage recommandé à tous nos lecteurs.

UN PROFANE — MAÇONNERIE PRATIQUE. — Cours d'enseignement supérieur de la Franc-Maçonnerie, 2 vol. in-12, 1875. 12   »

La meilleure étude parue sur la Franc-Maçonnerie en ces derniers temps comme documentation. Il faut cependant ne pas oublier qu'elle est éditée par les cléricaux, et faire la part des erreurs naïves et des calomnies discrètes répandues sur l'Ordre maçonnique. Ces volumes se terminent par des tableaux synoptiques fort bien faits.

LÉO TAXIL. — *Les frères Trois points*, 2 vol. in-12. . 7   »
— *La Franc-Maçonnerie* (illustré), 1 vol. grand in-8. 10   »

Ouvrages cléricaux de divulgation sur la Franc-Maçonnerie. Renseignements sérieux unis à des calomnies bêtes comme celle d'évoquer le diable.

Plusieurs gravures sont empruntées à Eliphas Lévi sans citation de source et en dénaturant le sens, comme celle du Baphomet et des sept sceaux de l'Apocalypse. *Ab una disce omnes.*

VII

DIVINATION

On croit vulgairement que la Science occulte se réduit à l'étude des lignes de la main ou à la lecture de l'avenir dans les cartes ou le marc de café.

La divination et ses divers procédés constituaient en effet une partie très sérieuse dans l'antiquité ; mais les livres modernes sur la question ne contiennent, pour la plupart, que des erreurs grossières ou des enseignements capables de mettre les premiers venus à même d'escroquer facilement les naïfs. On ne saurait trop se méfier par suite de toute cette littérature soi-disant magique.

Plusieurs auteurs font des efforts pour retrouver dans son intégrité cette partie si curieuse et si peu connue de la Science occulte.

Le premier de ces volumes est excellent quoique un peu confus. L'édition in-18 est de beaucoup la meilleure.

Le second des volumes : *la Graphologie*, est détestable à tous les points de vue. Les théories de l'abbé Michon sont de beaucoup supérieures comme vérité à celles-ci.

PAPUS

TRAITÉ SYNTHÉTIQUE

DE

CHIROMANCIE

COMPLÉMENT INDISPENSABLE

de tous les ouvrages analytiques spéciaux

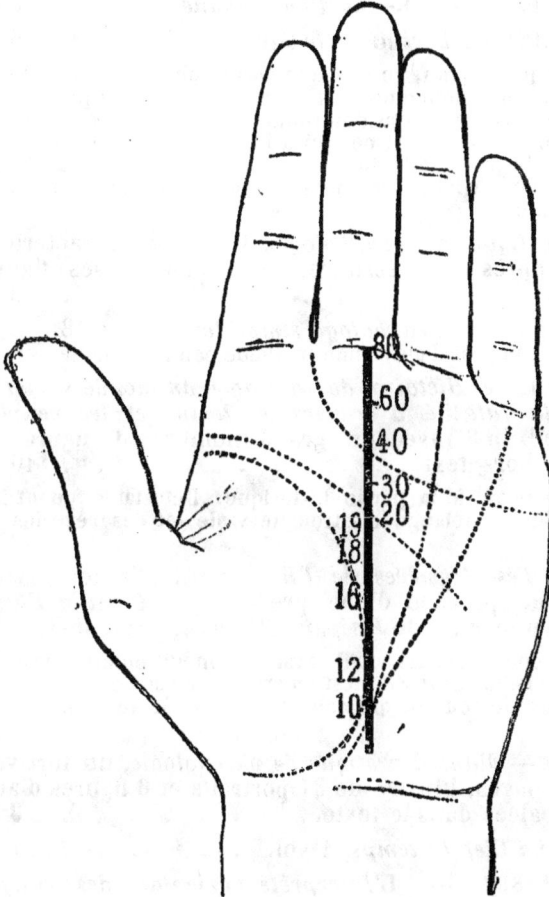

Broch. gr. in-8 . . . . **1 fr.**

3

ANDRIEU. — *La Main*, 1 vol. in-32   1   »

Excellent résumé sur la chiromancie, ne peut servir que lorsqu'on a lu les traités complets, à cause de l'absence de figures.

DELESTRE (J.-B.). — *Étude des passions appliquées aux beaux arts*. Introduction à la *Physiognomonie*, gr. in-8 .   .   7 50

— *De la Physiognomonie*. — Texte, Dessin, Gravure, 1 vol. grand in-8, orné de 530 fig. dans le texte 10   »
Résumé, avec une nouvelle classification, des idées classiques sur la question.

MOUTON Eugène. (*Mérinos*).—*La Physionomie comparée.* 10   »

CREPIEUX JAMIN.—*L'Écriture et le Caractère*, 1 vol in-8.   5   »

Ouvrage trop peu connu, vu sa haute portée philosophique et pratique. La partie psychologique est surtout très-remarquable. Les bases de la graphologie y sont déterminées avec soin. Ce livre et le suivant du même auteur sont ce qui a été fait de plus complet, de plus sérieux et de plus méthodique sur la Graphologie. La rareté des ouvrages de l'abbé Michon augmente encore l'intérêt de ceux de M. Crepieux Jamin.

— *Traité pratique de graphologie*. Étude du caractère de l'homme d'après son écriture, avec nombreuses figures in-18. . . . . 3 50

ARUSS (Arsène).— *La Graphologie simplifiée*, 1 vol. in-18   3 50
Bon ouvrage, composé d'après une méthode peu rationnelle.

CHRISTIAN (P.). — *Histoire de la magie, du monde surnaturel et de la fatalité à travers les temps et les peuples*, 1 vol. grand in-8 avec un grand nombre de figures et 16 planches hors texte. 10   »

Bonne étude quant à la partie historique. Détestable quant à la partie astrologique (mélange d'astrologie vraie et des rêveries de l'auteur).

ELY-STAR. — *Les Mystères de l'Horoscope.* Traité d'astrologie pratique précédé d'une préface par *Camille Flammarion* et d'une lettre de *Joséphin Péladan*, 1 vol. in-8. 3 50

L'auteur a reconnu depuis qu'il avait été induit en erreur par les ouvrages de Christian. Ély-Star est un travailleur sincère, ami de la vérité au-dessus de tout et qui mérite l'estime de tous les occultistes.

FOSSATI (Dr). — *Manuel pratique de phrénologie*, un fort vol. in-8 de 520 pages, illustré de 37 portraits et 6 figures d'anatomie intercalées dans le texte. 3 50

GRANDAY. — *La Clef du temps*, 1 vol.   1   »

HALIL ET MASRY. — *L'Interprète oriental des songes.* — Recueil complet de toutes les traditions orientales sur les songes depuis Adam jusqu'à nos jours, in-18. .   3 50

NOUVEAU LANGAGE SYMBOLIQUE

DES PLANTES

Avec leurs propriétés médecinales et occultes

SUIVI

1° D'une table de transposition pour écrire secrètement;
La manière de s'en servir ;
2° De la table des jours heureux ou malheureux ;
3° Des influences des jours de la lune ;
4° Des noms et esprit des signes du Zodiaque. Influence magnétique et fluidique de la lune, d'après les plus grands maîtres

PAR Hacœphi CHRYSÈS

Auteur du commentaire : *Testament prophétique de Gambetta*

PRIX : 0 fr. 75

GRANDPRE (JULES DE). — *Art de prédire l'avenir.* Divination par les astres, la main, l'écriture, la physionomie,
la forme du crâne, les cartes et les nombres ; songes,
apparitions, magnétisme, somnambulisme, spiritisme, sorcellerie. Volume de 512 pages avec illustr. . . . 7 50
Relié . . . . 10 »
Beaucoup de renseignements mais sans aucun ordre.

BALSAMO. — *Les Petits Mystères de la destinée,* illust. 1 v. 1 50

CAGLIOSTRO. — *L'Interprète des songes,* par le dernier de
ses descendants, 1 vol.: 1 50

ESMAEL. — *Manuel de cartomancie,* ou l'art de tirer les cartes
mis à la portée de tous, 132 figures, 1 vol. . . . 1 50

MARTIN (ALBERTUS). — *Le Livre des oracles,* 1 vol. . 1 50

MAGUS. — *L'Art de tirer les cartes,* 150 gravures, 1 vol. 2 »

EN PRÉPARATION :

TRAITÉ PRATIQUE D'ASTROLOGIE GÉNÉTHLIAQUE

Par H. SELVA

*Directeur des Études des Sciences Divinatoires
au Groupe Indépendant d'Études Ésotériques*

PRÉFACE DE PAPUS

JOSÉPHIN PÉLADAN

Les Sept Types Planétaires

EN PRÉPARATION.

VIII

APPLICATIONS DE LA SCIENCE OCCULTE

Nous avons vu dans l'avant-propos que l'avenir de l'Occultisme était surtout dans les « applications à nos sciences exactes »

L'*Occultisme seul* est susceptible de modifier, par sa méthode, l'exposition actuellement adoptée dans les sciences contemporaines. Aucune autre école ne peut justifier d'une telle révolution apportée dans nos méthodes d'investigation et surtout dans les aperçus synthétiques et généraux.

La méthode fournie par la Science occulte a été appliquée aux mathématiques par *Hœné Wronski* (1800-1854), à la Physique et la Chimie, par Louis Lucas (1858-1863). Tous ces travaux sont à reprendre et à étendre considérablement.

Émile MICHELET

L'ÉSOTÉRISME
DANS L'ART

Brochure in-18 (1890). . . . . 1 »

Exposé fort suggestif des ressources infinies que l'artiste peut tirer de la science occulte. Une étude philosophique toute nouvelle sur l'œuvre de Shakespeare est présentée dans cette petite brochure illustrée.

Dʳ Michel DELIZINIER

ESSAI DE THÉORIE SIMPLE
DE QUELQUES

PHÉNOMÈNES ÉLECTRIQUES

Brochure in-16. . . . . » 75

F.-CH. BARLET

ESSAI

SUR

L'ÉVOLUTION DE L'IDÉE

Barlet est le plus éminent d'entre les occultistes français. Son application de la méthode de l'ésotérisme à la philosophie est une des œuvres les plus importantes qui aient paru dans ces dernières années.

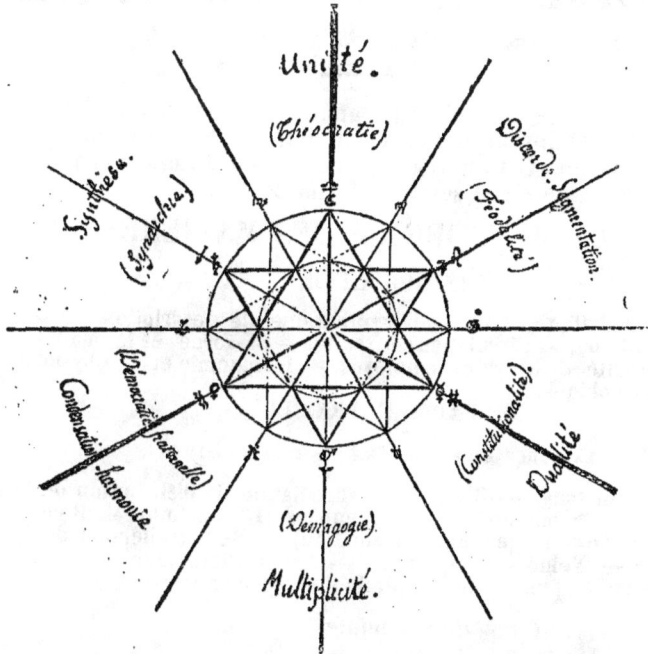

GÉRARD ENCAUSSE
(PAPUS)

ESSAI
DE

PHYSIOLOGIE SYNTHÉTIQUE

1 vol. in-8 raisin, orné de 35 schémas. . . **4 fr.**

Application de la méthode analogique à la Physiologie humaine. Réduction de toutes les fonctions de l'organisme à une loi identique. Cet ouvrage donne la clef du mode d'action de la vie humaine et de ses transformations.

TABLE MÉTHODIQUE DES MATIÈRES

INTRODUCTION

Circulation adjointe. — LES ALIMENTS.

Les deux temps de cette circulation. — 1ᵉʳ Temps : Circulation centripète. — 2⁰ Temps : Circulation centrifuge (excrétion).

CHAPITRE III

RENOUVELLEMENT ET CONDENSATON DE LA FORCE.

§ 1. — La circulation du fluide nerveux. — But du système nerveux. — Centres et conducteurs.

Circulation consciente (circulation psychique). — 1ʳᵉ portion de la circulation consciente, portion motrice : Aller. — 2ᵉ portion, portion sensitive : Retour.

Circulation inconsciente ou réflexe. — Les renflements médullaires et leur fonction spéciale.

§ 2. — Le système nerveux ganglionaire. — Le grand sympathique — Circulation nerveuse de drainage. — Circulation nerveuse de renouvellement. — Le cervelet et la théorie du Dr Luys.

§ 3. — Résumé général.

CHAPITRE IV

LE CENTRE GÉNÉRAL D'EXCRÉTION.

Portion extra péritonéale et organes contenus. — Organe d'excrétion du ventre : le gros intestin. — Organe d'excrétion de la poitrine : Les reins. — Organe d'excrétion de la tête : les organes génitaux.

CONCLUSION

Loi identique des circulations. — Les trois segments et la théorie du Dr Malfatti. — Evolution de la matière et de la force dans l'organisme. — Centres de réserve de la matière et de la force. — Les ganglions lymphatiques et les ganglions sympathiques. — La loi générale de circulation. — La Physiologie philosophique. — Tableau résumé. — Schéma d'ensemble des fonctions de l'organisme.

En préparation :

ESSAI DE PHYSIQUE SYNTHÉTIQUE.
ESSAI DE PSYCHOLOGIE SYNTHÉTIQUE.

F. CH. BARLET

L'UNIVERSITÉ DE HAUTES ÉTUDES

LETTRE PRÉFACE DE PAPUS

Broch. in-8. . . . . 0 50

IX

MAGNÉTISME

Le Magnétisme étudie les relations existant entre tous les êtres et entre tous les corps de la Nature. Ces relations sont dues à une force particulière, invisible, impondérable, redécouverte au xviiᵉ siècle par Mesmer et connue depuis longtemps des Egyptiens et des Orientaux ; cette force a été nommée par Mesmer : *Fluide Magnétique*.

A. DE ROCHAS

LES ÉTATS PROFONDS

DE

L'HYPNOSE

1 volume in-8 : 2 fr. 50

L'Administrateur de l'Ecole polytechnique, le lieutenant-colonel Albert de Rochas d'Aiglun est un des rares savants français qui s'occupent d'une façon scientifique des forces encore peu connues de la Nature et de l'Homme.

Plusieurs nouvelles découvertes très curieuses sur les rapports de l'Hypnotisme et de l'ancien Magnétisme sont mis au jour dans cet ouvrage.

DU POTET — Le baron du Potet a été l'un des apôtres les plus convaincus du Magnétisme animal, le continuateur de Mesmer, de Puységur et de Deleuze. Ses œuvres, en parties épuisées, représentent soixante années de labeur incessant, pendant lesquelles il a tout sacrifié à sa science de prédilection. Ce sont donc des livres écrits de bonne foi et où l'on trouvera quantité d'observations et de documents curieux.

— *Traité complet de magnétisme*, cours complet en 12 leçous, 4ᵉ édition, 1883. 1 vol. in-8 . . . . 8 »

— *Manuel de l'étudiant magnétiseur*, ou *Nouvelle instruction pratique sur le magnétisme, fondée sur trente années d'expériences et d'observations*, 3e édition, 1887, 1 vol. grand in-18 avec figures 3 50

— *Le Magnétisme opposé à la médecine. Histoire du magnétisme en France et en Angleterre*. 1840, 1 vol. in-8.   6 »

LA FONTAINE (Ch.). — *L'art de magnétiser, ou le magnétisme animal considéré sous le point de vue théorique, pratique et thérapeutique*, 5e édition, 1885, 1 vol. in-8 . . .   5 »

— *Mémoire d'un magnétiseur*, 1866, 2 vol. gr. in-8. .   7 »
La Fontaine est le magnétiseur qui eut l'honneur de prouver à tel point l'existence des phénomènes magnétiques à l'anglais *Braid*, que celui-ci chercha à les présenter comme découverte par lui, sous le nom de Braidisme ou d'Hypnotisme. — Depuis l'Hypnotisme est devenu une branche spéciale d'études, différente du Magnétisme.

A. DE ROCHAS. — *Le Fluide des Magnétiseurs* . . . .   5 »
M. Albert de Rochas étudie le magnétisme en véritable savant. Sa réédition des travaux de Reichenbach, est d'une importance capitale. On a pu voir que plusieurs grandes découvertes soi-disant originales de certains empiriques contemporains, n'étaient que la réédition, revue et diminuée, des travaux de Reichenbach. *Inde iræ.*

MESMER. — *Mémoires et aphorismes*, in-16 . . . . .   2 50
Ouvrage fondamental à cause des aphorismes.

GOYARD (Dr). — *Le Magnétisme contemporain* et la médecine pratique, 1888 . . . . 1 25
— *Le Magnétisme humain* appliqué au soulagement et à la guérison des malades. Congrès de 1890 . . . . . 12 »

CHARPIGNON. — *Physiologie, médecine et métaphysique du magnétisme*, 1848, 1 vol. in-8 . . . .   6 »
— *Etudes physiques sur le magnétisme animal* soumises à l'Académie des sciences, 1843, in-8 . . . . . . 1 »

DURVILLE. — *Application de l'aimant au traitement des maladies*, avec 12 figures dans le texte (magnétisme minéral)
                                                    1 »

— *Le Magnétisme humain considéré comme agent physique.*
                                                    » 20

— *Lois physiques du magnétisme*, polarité humaine, conférence . . . . » 30
M. Durville est l'un des auteurs de la découverte de la polarité humaine. De là l'intérêt de ses travaux.

CHARBONNIER (Dr). — *Maladies et facultés diverses des mystiques*, in-8 . . . . 5 »

                                                    3.

GARCIN (D^r). — *Le Magnétisme expliqué par lui-même,*in-8   4   »

BERGERET (D^r). — *Philosophie des Sciences cosmologiques et Critique des sciences et de la Pratique médicale,* in-16.   4   »

GAUTHIER (Aubin). — *Histoire du Somnambulisme chez tous les peuples,* 2 vol. in-8. 10   »

CAVAILHON (Édouard). — *La Fascination magnétique.* 1 volume grand in-18 jésus 3 50

DEBAY. — *Les Mystères du sommeil et du Magnétisme, ou Physiologie anecdotique du Somnambulisme naturel et magnétique.* Songes prophétiques, Extases, Visions, Hallucinations, 8° édition, 1 volume 3   »

MAYGRIER. — *Les Mystères du Magnétisme,* 1 vol. in-18.   3 50
Étude critique sur les magnétiseurs contemporains sous forme de roman. Les procédés peu délicats de certains charlatans sont rigoureusement mis au jour.

SIMONIN. — *Solution du problème de la Suggestion hypnotique.* 1 vol. in-18 jésus. 3 50
— Le Magnétisme humain appliqué au soulagement et à la guérison des malades. Congrès de 1889. . . . . . . 3 50
Théories nouvelles présentées par l'auteur.

CHAZARAIN & DÈCLE. — *La Polarité humaine.* — Brochure in-8° 2   »
Sous presse :

H. DURVILLE. — *Traité expérimental et thérapeutique de magnétisme.*
Cours complet, professé à l'*Institut magnétique,* par H. Durville 10 vol. in-18, cartonnés à l'anglaise. Ouvrage illustré d'environ 400 gravures et 8 planches coloriées.
Les cinq premiers volumes contiennent l'exposé raisonné de toutes les théories émises jusqu'à ce jour ; les cinq derniers, la description d'environ 250 affections les plus communes et l'application pratique du magnétisme, mise à la portée de tout le monde, pour le traitement de chaque maladie.
Le *Traité expérimental et thérapeutique de magnétisme* du professeur H. Durville, basé sur une pratique constante de quinze années sera le cours le plus complet, le plus pratique qui ait jamais paru sur la question.
Celui qui veut pratiquer le magnétisme curatif par profession, le médecin, l'amateur ou le père de famille qui veut seulement le pratiquer au foyer domestique, y trouveront un guide sûr qui, après leur avoir tout exposé, tout démontré, leur enseignera une méthode infiniment simple, à la portée de tous, pour guérir ou soulager toutes les maladies.
Chaque volume (350 à 400 pages) forme un tout complet, qui peut être vendu séparément.
Prix de chaque volume séparé, 3 fr.; *les 10 vol.* . . . . . 25 fr.

X

HYPNOTISME

L'Hypnotisme étudie les phénomènes produits chez certaines personnes par les actions physiques ou psychiques susceptibles de fatiguer et de surprendre l'un des sens.

Les hypnotiseurs diffèrent des magnétiseurs en ce qu'ils nient l'existence d'un *fluide* quelconque.

LUYS (Dr) (de l'académie de médecine). — *Leçons cliniques sur les principaux phénomènes de l'Hypnotisme* dans leurs rapports avec la pathologie mentale, 1 vol. in-8 avec 13 planches. . . . . 12 »

Grâce à ces leçons, chacun est mis à même de connaître les différents procédés d'hypnotisation et les phénomènes principaux qu'on peut observer dans le cours des phases hypnotiques.

BERNHEIM (Dr) (de Nancy). — *La Suggestion*, 1 vol. in-16.   7 »

Ouvrage rempli de faits et d'expériences, utile à tous les chercheurs.

MOUTIN. — *Le Nouvel hypnotisme, illustré.* . . . . . 4 »

Ouvrage pratique entre tous, donnant le moyen de reconnaître de suite les personnes aptes à subir l'action magnétique.

BINET (A.) et **FÉRÉ** (Ch.), médecin de Bicêtre. — *Le Magnétisme animal*, 1 vol. in-8 de la *Bibliothèque scientifique internationale*, avec figures dans le texte, cartonné à l'anglaise, 3e éd., 1890. . . . . 6 »

Une des meilleures études qui aient paru sur l'*Hypnotisme*.

MARRIN (Dr PAUL). — *L'Hypnotisme théorique et pratique*, avec les procédés d'Hypnotisation. 1 vol., 1890 . . . . . 3 50

DELBŒUF. — *De l'Origine des effets curatifs de l'hypnotisme.*
                                                    6 »

— *Magnétiseur et médecin.* . . . . 2 »

Le premier de ces ouvrages est excellent en tous points. La partie philosophique est surtout bien développée.

PH. TISSIÉ (Dr). — *Les Rêves. Physiologie et Pathologie*, in-16. . . . . 2 50

LEVÊQUE (CH.). — *La Science de l'invisible.* — Etudes de Psychologie et de Théodicée.   2 50

BONJEAN (ALBERT). — *L'Hypnotisme, ses rapports avec le Droit et la Thérapeutique.* — La Suggestion mentale, in-16. . . . . 3 »

BINET (A). — *La Psychologie du raisonnement.* Recherches expérimentales par l'hynotisme, 1 vol. in-18, 1886. . 2 50

Étude de Psychologie d'après les classifications positivistes, c'est-à-dire contenant plus de faits que d'idées véritables sur la psychologie.

JANET (PIERRE). — *L'Automatisme psychologique*, essai de psychologie expérimentale sur les formes inférieures de l'activité humaine, 1 vol. in-8 de la *Bibliothèque de philosophie contemporaine*, 1889 . . . . 7 50

Dernier mot des idées de l'Université. Les faits nouveaux étudiés par Crookes se sont chargés de réfuter ces théories mieux que les plus beaux raisonnements.

PHILIPS (J.-P.). — *Cours théorique et pratique de braidisme* ou hypnotisme nerveux, considéré dans ses rapports avec la psychologie, la physiologie et la pathologie, et dans ses applications à la médecine, à la chirurgie, à la physiologie expérimentale, à la médecine légale et à l'éducation, 1860, 1 vol. in-8. . . . . 3 50

OCHOROWICH (Dr J.). — *De la Suggestion mentale*, avec préface de Paul Richet. . . . . 5 »

Très bonne étude d'un point de psychologie qui touche de très près à l'occultisme.

GÉRARD (Dr). — *Hypnotisme*, 1 beau vol. in-16 . . . 3 50

BERNHEIM (Dr). — *Suggestion*, 1 beau vol. in-8, nouvelle édition 3 50

XII

FORCE PSYCHIQUE

La seule manière vraiment scientifique d'étudier les forces encore inconnues de la Nature et de l'Homme, c'est de repasser systématiquement toutes les hypothèses plus ou moins intéressées, présentées par les diverses écoles pour *expliquer* ces phénomènes. Le savant doit *constater* et *vérifier*, mais il ne doit jamais *expliquer*, à moins de sortir de son rôle d'observateur impartial.

Nous classons donc sous la rubrique de « Force psychique » les travaux rentrant dans ce cas, ou à peu près.

CROOKES (WILLIAM). — *Recherches sur les phénomènes spirites, la force psychique.* Un volume de 210 pages avec figures   3 50

Livre fondamental prouvant par des faits irréfutables et par des expériences rigoureuses la réalité des phénomènes de spiritisme, quelle qu'en soit d'ailleurs l'explication.

La lecture de cet ouvrage est la première que doit faire un lecteur encore sceptique et ne connaissant rien de ces faits étranges.

Crookes est un des plus grands savants contemporains.

GIBIER (Dʳ PAUL). — *Le Spiritisme.* Fakirisme occidental, étude historique, critique et expérimentale, avec figures dans le texte . . . . 4 »

Ce livre coûta à son auteur la perte d'une position officielle dans l'Université. C'est dire qu'il mérite à tous les titres le succès qu'il a obtenu.

— *Analyse des choses*, 1 vol. in-18, 1889. . . . . . 3 50

Exposé succinct de faits spirites et de théories occultistes.

RAMBAUD (YVELING). (Rédacteur du *Gaulois*). — *Force psychique*, édition numérotée sur papier vélin, illustrations de Albert Besnard gravées sur bois par Florian, préface sur le spiritisme par Victorien Sardou de l'Académie française.   5 »

Chacune des gravures vaut à elle seule le prix de cette belle plaquette dont il reste encore quelques exemplaires, tous numérotés.

XIII

SPIRITISME

Le spiritisme est l'ensemble des doctrines et des pratique dérivées de la communication entre les vivants et les morts D'après la doctrine spirite la partie immortelle, l'*esprit* de l'homme, persiste après la mort et peut se communiquer aux vivants par différents moyens. Les livres traitant de spiritisme sont fort nombreux.

Le spiritisme vient donner une théorie générale des phénomènes mystérieux constatés par une foule d'observateurs. Cette théorie est claire, facile à expliquer et rend compte d'un grand nombre de faits observés. Cependant le philosophe ou même le simple observateur qui désire approfondir ces problèmes ne peut s'en tenir uniquement à ces données élémentaires. La kabbale ou les religions orientales viennent fournir à ce sujet tous les détails possibles, ainsi que le prouvent les travaux de Carl du Prel (*Philosophie de la mystique*), d'Eliphas Levi (*la Science des esprits*), et d'une foule de chercheurs contemporains.

On doit donc connaître d'abord la doctrine spirite, et bien la connaître, avant d'aborder les théories plus abstraites et plus compliquées fournies par la science occulte et ses représentants anciens et modernes.

ALLAN KARDEC. — *Le Livre des Esprits* (partie philosophique), contenant les principes de la doctrine spirite, 1 vol. in-12, 35e édition (1). 3 50

— *Le Livre des médiums* (partie expérimentale). Guide des médiums et des évocateurs, contenant la théorie de tous les genres de manifestations, 1 vol. in-12, 22e édition. .   3 50

— *L'Evangile selon le Spiritisme* (partie morale), 1 vol. in-12, 23e édition. 3 50

— *Le Ciel et l'Enfer, ou la Justice divine selon le Spiritisme*, 1 vol. in-12, 2e édition. 3 50

— *Œuvres posthumes d'Allan Kardec*, comprenant la biographie d'Allan Kardec, le discours prononcé sur sa tombe par Camille Flammarion, tous les articles qui ont été publiés après sa mort dans la *Revue spirite*, et des extraits *in-extenso* du *Livre des prévisions concernant le spiritisme* . .   3 50

(1) Pour les ouvrages reliés et les éditions en langues étrangères d'Allan Kardec, s'adresser à la Librairie du Merveilleux.

— *Qu'est-ce que le spiritisme?* Introduction à la connaissance du monde des Esprits, 1 vol. in-12, 19ᵉ édition. . . 1 »

— *Caractères de la révélation spirite.* Broch. in-18. . » 15

— *Résumé de la loi des phénomènes spirites.* — Brochure in-18. . . . . » 10

— *Le Spiritisme à sa plus simple expression.* — Brochure in-18 de 46 pages. . . . . » 15

Les ouvrages d'Allan Kardec resteront toujours comme les modèles de l'exposé des doctrines spirites. Tous ceux qui s'occupent de recherches expérimentales doivent les avoir lus. Un seul reproche peut leur être fait, reproche auquel échappe l'auteur, c'est de ne plus être en harmonie complète avec les travaux de la critique scientifique moderne sur le christianisme et les théories de la connaissance des religions. Le spiritisme est une philosophie, mais une philosophie élémentaire, qui ne saurait contenter un lecteur de Spinoza ou de Kant.

LÉVI (ÉLIPHAS). — *La Science des esprits,* révélation du dogme secret des kabbalistes, esprit occulte des évangiles, appréciation des doctrines et des phénomènes spirites. 1 vol. in-8, 1865. . . . . 7 »

Exposition complète des théories de la Kabbale expliquant les phénomènes spirites. Cet ouvrage est peu connu.

WALLACE (R). — *Les Miracles et le Moderne Spiritualisme,* traduit de l'anglais, 1 fort vol. in-8. . . . . . . 5 »

Le volume de Sir Russel Wallace est excellent par lui-même, surtout dans l'édition anglaise.

La traduction actuelle peut être divisée en deux grandes parties.

Les 228 premières pages sont écrites en très bon style et sont conformes à l'original. Mais tout le reste du volume, fait sans doute par un autre traducteur, répond très vaguement à la lettre et à l'esprit de l'original. On y trouve même des passages tronqués par une main peu habile. Ces suppressions portent surtout sur les passages où Sir Russel Wallace approuve les théories monistes de Carl du Prel. L'auteur devrait bien protester contre un tel sans-gène apporté dans la traduction de son œuvre. Nous conseillons donc aux chercheurs sérieux de toujours se rapporter à l'édition anglaise.

DELANNE (GABRIEL). — *Le Spiritisme devant la science,* 1 fort volume, grand in-18 jésus. 3 50

Constantin-Alexandrowitch BODISCO

RECHERCHES PSYCHIQUES
(1888-1892)
DÉDIÉES AUX INCRÉDULES ET AUX ÉGOISTES

TRAITS DE LUMIÈRE

Preuves matérielles de l'existence de la vie future, spiritisme
expérimental au point de vue scientifique

Ouvrage orné de plusieurs belles gravures

PRÉFACE DE PAPUS

Ce beau volume est le plus important paru depuis
Crookes au sujet des phénomènes de force psychique et
de spiritisme. L'auteur, chambellan de S. M. l'Empereur
de Russie, y raconte des faits soigneusement observés,
Le livre est luxueusement édité.

Gabriel DELANNE

EXPOSÉ SCIENTIFIQUE
de la Doctrine Spirite
D'APRÈS LES DERNIÈRES DÉCOUVERTES

Un vol. in-18 (sous presse). . . . . .   **2 fr.**

NUS (EUGÈNE). — *Les Grands Mystères*, in-16. . . . 3 50
 Cet ouvrage se recommande par l'élévation des pensées philosophiques, l'élégance et la sagesse du style.
— *Choses de l'autre monde*. 3 50
— *Les Dogmes nouveaux*, 1 vol. in-12. . . . . . . 3 »
 Les ouvrages d'Eugène Nus sont à méditer par tous ceux qui veulent étudier ces questions. Ecrivain remarquable et philosophe éminent, Nus avait présenté toutes les théories de la Théosophie et
les avait développées grâce à sa seule intuition, dès 1854. Les ouvrages sont de plus écrits de telle sorte que les théories philosophiques
les plus abstraites deviennent faciles, et même amusantes à lire.

ALEXANDRE BELLEMARE

SPIRITE ET CHRÉTIEN

Un volume in-16 de 420 pages. Prix 3 50

Ce livre, qui a coûté à son auteur plusieurs années de méditation et de travail, est un des meilleurs écrits à propos du spiritisme. C'est une tentative de conciliation du Spiritisme et de la religion chrétienne, ainsi que son nom l'indique, d'après les données d'Allan-Kardec.

GASPARIN (Cte Agénor de). — *Tables tournantes*, 1 vol.   1 »
CAILLIÉ (René). — *Dieu et la Création*. Quatre fascicules.   3 50
   (Ouvrage spiritualiste très estimé, du Directeur de l'*Étoile*.)
— *La Vie de Jésus*, dictée par lui-même, précédée d'une préface, 1885, 1 volume in-18, 443 pages. 3 50
MARCHAL. — *L'Esprit consolateur*, fort vol. in-16. . . 3 50
BONNEMÈRE (Eugène). — *L'Âme et ses manifestations à travers l'histoire*. — Lauréat du prix Guérin 3 50
ROSSI DE GUSTINIANI. — *Le Spiritualisme dans l'histoire*, vol. relié . . . . 3 »
CAHAGNET. — *Sanctuaire du spiritualisme, ou Étude de l'âme humaine et ses rapports avec l'univers, d'après le somnambulisme et l'extase*, 1 volume in-18 . . . . 5 »
ROSSI-PAGNONI. — *Quelques Essais de Médiumnité hypnotique*, traduit de l'italien, par Mme Francesca Vigné . . . 2 »

PAPUS

Considérations sur les phénomènes du Spiritisme

Brochure in-8, avec gravures . . . *1 fr.*

Rapports de l'hypnotisme et du spiritisme ; nouvelles règles pratiques pour la formation des médiums ; influence du périsprit dans la production des phénomènes spirites ; avec gravures spirites. . . . . 1 »

Cette étude est la première dans laquelle on démontre qu'il existe *des phases* chez le médium et que *ces phases* sont pareilles à celles du sujet et se succèdent dans le même ordre.

LE SPIRITISME, brochure . . . . » 20

HOME (D.-D.). — *Les Lumières et les ombres du Spiritualisme*, traduit de l'Anglais, avec préface, par Henry la Luberne, 1 volume, grand in-18 jésus . . . . 5 »

LES ORIGINES ET LES FINS. Cosmogonie sous la dictée de trois dualités différentes de l'Espace . . . . 2 »
Ce petit traité édité par le soin de Eugène Nus est fort curieux au point de vue de la nouveauté des théories concernant l'*idéal*, qui y sont exposées.

GUIDE PRATIQUE DU MÉDIUM GUÉRISSEUR. . . . . . . 1 »

LAVATER. — Ses lettres à l'impératrice Marie de Russie sur l'immortalité de l'âme, 2e édition . . . . » 50

ALMIGNANA (l'ABBÉ). — *Du Somnambulisme, des Tables tournantes et des Médiums*, considérés dans leurs rapports avec la théologie et la physique. Examen des opinions de MM. de Mirville et de Gasparin, par l'abbé Almignana, docteur en droit canonique, théologien, magnétiste et médium. » 50

DENIS (LÉON). — *Pourquoi la vie? Solution rationnelle du problème de l'Existence ; ce que nous sommes ; d'où nous venons ; où nous allons* 0 15
Nous ne saurions trop recommander ce beau discours à l'attention de tous les amis de la vérité.

— *Après la mort*, 1 fort volume, in-12 . . . . . . 2 50
Ce volume se recommande par sa grande valeur au point de vue de l'exposition du problème de la morale d'après le Spiritisme. La partie scientifique et la partie historique sont moins bien traitées que cette dernière partie, consacrée à la Morale.
Léon Denis est un des meilleurs auteurs que possède le spiritisme. Son livre est une suite de beaux discours.

GARDY (LOUIS). — *Cherchons*, 1 vol. in-16 . . . . 2 50
Rien de bien original à signaler dans ce volume. C'est l'éternelle histoire des « expériences scientifiques » qu'on prétend donner comme critérium de la théorie spirite.

DAVIS. — *Fin du monde des esprits*, 1 vol. in-16 . . . 3 50
Jacolliot est, paraît-il, l'auteur de ce livre. On y trouve décrits quelques-uns des procédés de fraude employés par les médiums, surtout par les Américains. Cependant l'imagination de l'auteur joue encore un rôle considérable dans « l'explication » de certains phénomènes, qu'il n'explique pas du tout en fin de compte.

CONGRÈS SPIRITE et SPIRITUALISTE de 1889(*Compte rendu*). Un fort volume in-8 raisin. . . . . 5 francs.
Ce volume est fort instructif. On y trouve exposées les opinions diverses des écoles spirites ; partisans et adversaires de la réincarnation, partisans et adversaires de l'existence de Dieu, spirites mystiques comme M. H. Lacroix et spirites scientifiques.
De plus, un bon résumé des théories présentées par les diverses branches de l'Occultisme s'y trouve également. Ce volume, tiré à peu d'exemplaires, eu égard aux envois, sera bientôt épuisé.

METZGER. — *Médiums et Groupes.* Hypnotisme et Spiritisme. 0 50

Tirage à part d'une étude résumant les conditions nécessaires à la formation d'un groupe spirite. L'emploi de la *suggestion* pour empêcher la fraude des médiums est une idée originale développée dans cette brochure.

LACROIX (Henry). — *Mes Expériences avec les Esprits.* 1 vol. in-16. . . . . 4 »

L'auteur prétend qu'en Amérique on fait peu de cas de la notion du ridicule. Son livre en est une preuve évidente. Les personnes qui voudront voir comment M. Henry Lacroix a débarrassé Alfred de Musset d'une seconde peau qui le gênait dans sa vie extra-terrestre, comment Mme de Girardin s'est éprise de l'auteur, comment les enfants qui meurent jeunes sur la Terre grandissent, se marient et entrent à l'Opéra-Comique.... dans l'autre monde, etc., etc., n'ont qu'à lire *Mes Expériences avec les Esprits.* Le spiritisme ne possédant aucune assemblée hiérarchisée, on ne peut établir une *distinction doctrinale* entre les œuvres de M. Lacroix et celles de Gabriel Delanne par exemple ; tout cela est du spiritisme ; comment veut-on que le public fasse seul une distinction qui s'impose ?

JÉSUPRET.— *Catholicisme et Spiritisme.* 1 broch. in-16   1 50

LEYMARIE (Me). — *Procès des Spirites.*

Cet opuscule est fort curieux. A côté des interrogatoires des divers accusés, des aveux du photographe-médium et de sa caissière qui était l'auteur véritable de certaine déclaration posthume d'Allan Kardec, on y trouve une foule de témoignages de personnes fort honorables affirmant la réalité des phénomènes obtenus.

On se demande en lisant tout cela, si l'un des accusés, le photographe, n'a pas déguisé la vérité pour obéir à des conseils venus de haut lieu, et s'il ne s'agit pas là d'un de ces cas de médiumnité, mélange habituel de vérité et d'escroquerie.

P.-F. COURTÉPÉE. — *L'unité de la Vie passée, présente et future,* ou *l'Immortalité individuelle et collective,* broch., pet. in-16 de 220 pages. Explications des souffrances humaines, d'après la doctrine de la réincarnation.

G. DELANNE

LA MÉDIUMNITÉ VÉNALE

Brochure in-16. . . . . **1 fr.**

SOUS PRESSE

ANGLEMONT (Arthur d'). — *Dieu et l'Être universel*, fort volume in-18 jésus 3 50
— *Enseignement populaire de l'existence universelle*, in-18 jésus 4 50
— *Le Fractionnement de l'Infini*, in-8 . . . . . . 6 »
— *Les Harmonies universelles*, in-8 . . . . 6 »
— *L'Hypnotisme, le Magnétisme et la Médiumnité scientifiquement démontrés*, brochure in-8 . . . . 1 »

Quelle est l'orig.ne de cette fastidieuse nomenclature ? Voici :

« Ces *grandes vé. ités* que nous enseignons nous ont été données, elles
« nous ont été inspi.ées par une pensée qui n'est point la nôtre, et dont
« nous n'avons été que le reflet. » (*Dieu dans sa synthèse*, p. 477.)

Elles viennent de très haut même :

« Ce grand Esprit (l'*Esprit de Vérité* prédit par Jésus) qui annonça sa
« venue pour l'heure solennelle de la grande rénovation sociale, *vient de*
« *se faire connaître par la révélation de la science universelle dont il a*
« *posé les bases*, devant éclore sous le souffle inspirateur des archanges.
« *C'est à lui qu'il appartient d'enseigner* aux hommes la connaissance des
« âmes et des êtres, etc... » (*Omnithéisme*, n° 1384.)

Dans le précédent numéro de cette Bibliographie nous avons osé dire que
les ouvrages de M. d'Anglemont était *panachés d'erreurs scientifiques*.
L'auteur ayant eu la prétention d'attenter à nos droits imprescriptibles
de critique sévère mais juste, et cette publication étant un *journal* destiné
à renseigner aussi exactement que possible le public, nous demanderons
à l'auteur lui-même les preuves de nos affirmations.

Les extraits suivants ont été tirés des livres de M. A. d'Anglemont par
F. Ch. Barlet, dans un article de 38 pages consacré à l'analyse des œuvres
en question. (*Initiation*, 13° vol., n° 3, décembre 1891.)

Il y en aurait des centaines du même genre à reproduire.

Voici pour la physique :

« On peut attribuer aux *atomes* toutes les grandeurs imaginables ; s'ils
« sont susceptibles de descendre à toutes les petitesses imaginables, il
« leur est permis de prendre une croissance sans fin, les conduisant vers
« l'infiniment grand. » (Page 58.)

Le physiologiste ne suivrait pas non plus sans peine les localisations
cérébrales de M. d'Anglemont, même en se rendant un compte exact de
ses destinations psychologiques : il faut en effet, selon lui, placer par
exemple l'organe de la *raison* dans la voûte triangulaire ; celui du *sens
commun* dans le corps calleux moyen ; l'*expérience* dans le genou du corps
calleux ; la mémoire dans les cornes d'Amon ; l'organe de la vue intérieure
est le tubercule quadrijumeau supérieur ; celui du *Moi*, régulateur de l'âme,
est la *commissure centrale* ; celui du *sens de l'étendue* dans le *trou
borgne* et celui de l'*audition intérieure* dans le *trou de Monro*.

Il est bien regrettable que l'auteur dédaigne de nous apprendre sur
quelles observations toute cette science est fondée.

Localiser une faculté dans un *trou*, est assez original, comme on voit,
mais en localiser d'autres dans un *corps calleux*, simple organe d'union,
ne l'est pas moins.

Une perle pour finir :

Il s'agit du corps des anges et de leur mode d'existence. « Ce corps
« s'alimente d'une nourriture relativement solide quoique très légère,
« cependant. Aussi le système stomacal y est-il nécessaire, quoique réduit
« à l'estomac, où les aliments opèrent leur digestion complète, ne laissant
« pas de déjections apparentes. Celles-ci sortent du corps d'une manière
« insensible sous la forme de gaz. » (*Dieu et l'Etre universel*, p. 377.)

Pas de commentaires, n'est-ce pas ?

Gabriel DELANNE

Le Spiritisme devant la Science

Psychologie Physiologique

DE L'ESPRIT

D'APRÈS LE SPIRITISME

1 beau vol. in-18 avec dessins : **5 fr. 50**

EN PRÉPARATION

Gabriel Delanne a *développé* les travaux d'Allan Kardec d'après les enseignements de nos sciences contemporaines. Il énonce particulièrement une théorie fort originale sur le passage du Périsprit à travers la série animale, théorie qui tend à expliquer l'origine des instincts héréditaires de l'être humain. Cette théorie est une conception spéciale de ce que les bouddhistes (voy. Chaboseau) appellent la *Loi de Karma.*

PAPUS et L. LEMERLE

EN PRÉPARATION :

LA FRAUDE DES MÉDIUMS

Broch. in-16 . . . . 0 50

Description des principaux procédés de fraude au moyen desquels on peut imiter les phénomèmes médianimiques.

XIII

T LÉPATHIE

Sous le nom de Télépathie et « d'Hallucination télépathique »,
certains savants français abordent l'étude de ces phénomènes mystérieux de communication de pensée, ou de
vision de fantômes, constatés par un grand nombre de personnes.

Cette étude se rattache à la Science occulte et au Spiritisme
suivant les faits étudiés

GURNEY, MYERS et PODMORE. — *Les Hallucinations télépa-
thiques*, traduit et abrégé de *Phantasms of the living*, par
L. MARILLIER, maître de Conférences à l'Ecole des Hautes
Etudes, avec une préface de M. Ch. Richet, 1 vol. in-8 de
400 pages 7 50

XIV

THÉOSOPHIE PURE ET MARTINISME

La théosophie est essentiellement un ensemble de connais-sances particulières acquises par des voies toutes différentes des voies scientifiques connues. La théosophie est à l'origine de toute science comme de toute révélation ; elle est aussi ancienne que le monde. Les théosophes modernes les plus connus ont été Paracelse, Van Helmont, Swedenborg, Louis Claude de Saint-Martin, etc.

La France a été le berceau préféré de la Théosophie depuis Saint-Martin. Toute l'école occultiste moderne est dérivée médiatement ou immédiatement du Martinisme de Saint-Martin ou du Martinesisme de Pasqualis. Citons parmi les représentants les plus éminents de ce mouvement. (*Dates des œuvres*) Martinez Pasqualis (1754) Saint-Martin (1775-1802) Wronski (1808-1850) Lacuria (1850-1890) Eliphas Lévi (1852-63) Fabre d'Olivet (1825) Ragon (1858), etc. etc.

Tous ces auteurs sont Kabbalistes et Théosophes. *L'Occultisme* est la suite de ce mouvement représenté en France actuellement par le *Groupe Indépendant d'études ésotériques*.

FRANCK (Ad.), de l'Institut. — *La Philosophie mystique en France* au xviiiᵉ siècle : Saint-Martin et don Pascalis, 1 vol. in-8 . . . .   2 50

Dans ce petit volume les théories principales des fondateurs du Martinisme sont fort bien résumées. Aussi est-il utile à tous les chercheurs.

AUGUSTIN CHABOSEAU

En préparation :

Saint-Martin et le Martinisme

PORTRAIT DE L.-CL. DE SAINT-MARTIN

Un vol. grand in-8 . . . .   **3 fr. 50**

Dans la première partie de ce livre, l'auteur, après avoir donné quelques notes succinctes sur la vie de L.-Cl. de Saint-Martin, expose ses doctrines métaphysiques, éthiques et sociales, ce qui l'amène à étudier l'attitude prise par le philosophe inconnu à l'égard du christianisme et l'influence considérable, parce que occulte, exercée par lui sur la Révolution française.

Puis, la filiation du Martinisme est suivie pas à pas à travers les troubles politiques et religieux qui ont agité notre siècle, filiation rarement patente, constamment vive et ferme, jusqu'à la rénovation contemporaine, A ce sujet est révélé tout ce qui peut l'être sur l'organisation de cette société mystique, ses tendances et sa méthode.

Enfin sont indiquées quelques-unes des notions qu'il est permis de se faire dès à présent sur le rôle que la fraternité des S.˙. I.˙. est appelée à jouer dans l'imminente transformation sociale.

L'importance de cet ouvrage ne saurait échapper à l'heure où la constitution du Suprême Conseil de l'Ordre Martiniste vient de donner une nouvelle et puissante impulsion au mouvement ésotériste.

PANTACLES

Fragments d'Art hermétique. Une jolie plaquette in-8˙.   2 »

Essais d'application des doctrines et de la méthode de l'ésotérisme à l'art, ces proses rythmées se présentent comme une tentative esthétique au plus haut point intéressante. La forme nombreuse et subtile n'est point indigne de la pensée suprêmement spiritualiste qu'elle enveloppe.

APOLLONIUS DE TYANE

Etude critique. 1 volume grand in-18 .   2 50

L'auteur s'est attaché à dégager de la biographie tracée par Philostrate et des quelques documents que l'on a recueilli d'autre part, tout ce qu'il peu y avoir de rationnel dans la physionomie d'Apollonius de Tyane. Puis, s'aidant des récentes découvertes scientifiques dans le domaine du psychisme, il a tenté l'interprétation absolument nouvelle et rigoureusement orthodoxe, de quelques-uns des prétendus prodiges attribués au célèbre mage. Enfin, il a indiqué dans les légendes résiduelles les analogies patentes avec certains mythes dont s'auréole le souvenir d'autres hommes divins.

Cet ouvrage intéresse donc à la fois et au même degré tous ceux que préoccupent l'hypnotisme, l'occultisme et le folklore.

TRADUCTION DES

ŒUVRES COMPLÈTES DE JAMBLIQUE

Avec introduction, des notes et trois index, l'un analytique, l'autre alphabétique, et le dernier bibliographique. 2 forts volumes in-8 des Annales du Musée Guimet.

EN PRÉPARATION :

Traduction des

ŒUVRES COMPLÈTES DE PHORPHYRE

2 forts vol. in-8 de la même collection.

LADY CAITHNESS. — Duchesse de Pomar.

Les ouvrages de Lady Caithness, constituent les publications françaises de théosophie les plus estimées.

— *La Théosophie universelle.* — Théosophie bouddhiste, 1886, in-8 . . . . 2 »

— *La Théosophie universelle.* — Théosophie chrétienne, 1886, in-8 . . . . 2 50

— *La Théosophie universelle.* — Théosophie sémitique, broch., in-8 . . . . 2 50

1881-1882, broch. in-8 . . . . 2 »

— *Fragments glanés dans la théosophie occulte d'Orient* (excellent résumé de Théosophie). 1 50

— *Une Visite nocturne à Holyrood*, broch. in-8. . . 2 »

— *Interprétation ésotérique des livres sacrés*, in-18 jésus. 2 »

LUMIÈRE SUR LE SENTIER. Transcrit par M. C., membre de la Société Théosophique, 1 vol 1 25

Petit chef-d'œuvre de Mabel Colins dont la science et la spiritualité rendirent jaloux les fondateurs de la Société Théosophique. Mabel Colins subit d'intolérables persécutions de la part de la « Fraternité universelle ». Un pastiche grossier de cette œuvre a été publié en anglais sous le nom de « La voix du silence ».

OLIPHANT (Laurence). — *Sympneumata ou la Nouvelle Force vitale.* Ouvrage traduit de l'anglais, 1 vol. in-18, 308 pages. 3 50

La traductrice, la maréchale Canrobert, a malheureusement trahi trop souvent l'auteur de cet ouvrage. *Traductore-Traditore* : c'est bien le cas d'appliquer l'adage fameux.

DE ROSNY. — *La Morale du Boudhisme* 0 50

Résumé très bien fait de la Morale boudhique, d'après les sources authentiques.

BESANT (Annie). — *Pourquoi je devins théosophe*, broch. in-8

1 »

DEUXIÈME PARTIE
XVI
SOCIALISME

Les études sociales peuvent tirer un très grand profit de la science occulte. Un groupe très important d'occultistes contemporains s'occupe de l'application, de l'élucidation des lois synthétiques de la sociologie, sous la direction de Julien Lejay.

MALON (BENOIT). — *Socialisme intégral*, 1 fort vol. in-16.   6 »

Le maître incontesté du Socialisme scientifique en France, Benoit Malon, a publié une importante série d'ouvrages contenant, outre le résumé des points déjà connus du socialisme, un grand nombre d'idées nouvelles et bien personnelles à l'auteur.

L'Abbé JEANNIN

EGLISE
ET
Fin de Siècle

Un volume in-18 . . . . 3 fr. 50

Cet ouvrage, *écrit par un prêtre*, est appelé à produire une impression profonde sur tout lecteur impartial. L'état réel de la société est merveilleusement mis au jour. Les études sur l'éducation au séminaire et l'hypocrisie des prétendus « pratiquants » en province sont à noter parmi toutes celles dont fourmille le travail de ce profond penseur qui est l'abbé Jeannin.

TABLE DES MATIÈRES

IV. — L'Eglise et les Rapports de société. — L'Eglise impuissante contre l'égoïsme.

CHAPITRE IV

L'Église et l'État social fin de siècle

Le cléricalisme. — Cercles catholiques. — Leur action. — Dépendance de l'Eglise. — Un Résumé d'histoire ancienne et contemporaine.

ÉPILOGUE

HIPPOLYTE DESTREM

La Future Constitution de la France

2 *forts volumes in-8.* . . . . 15 fr.

En prime à 7 fr. 50 aux abonnés de l'*Initiation* et du *Voile d'Isis*. OEuvre magistrale, l'auteur a refait une constitution et des textes complets sur tous les points d'après les idées de l'Ecole Sociétaire, dont le fondateur fut Fourier.

BEBEL. — *La Femme à travers les âges.* . . . . . . »   »
— *La Femme dans le passé, le présent et l'avenir*. Traduit de de l'allemand par HENRI RAVÉ. 1891. 1. vol. in-8° raisin de VIII-376 pages, avec portrait de l'auteur 5   »

Cet ouvrage, dont l'influence a été si puissante sur les masses prolétariennes d'outre-Rhin, et qui en est en Allemagne à sa 10e édition, avait été traduit déjà dans presque toutes les langues d'Europe, l'interdiction et les poursuites dont il avait été l'objet de la part de la police bismarckienne n'ayant pas peu contribué à son succès. C'est un exposé très complet de la situation de la femme à travers les âges, et un éloquent plaidoyer en faveur de son émancipation économique et sociale.

EN PRÉPARATION :

JULIEN LEJAY

Sociologie analogique

XVII

PHILOSOPHIE

Plusieurs philosophes ont utilisé les doctrines de l'occultisme, soit qu'ils aient été initiés aux sociétés occultes (comme Leibniz), soit qu'ils aient directement puisé dans la Kabbale (comme Spinoza). De toutes façons, il est intéressant de les comparer à ce point de vue.

MENARD (Louis). — *Hermès Trismégiste.* Traduction des fragments attribués à cet auteur, 1 vol, in-8 (couronné par l'Institut) . . . . 3 »

— *Rêveries d'un païen mystique,* 1 vol, petit in-12. . . 3 »

Nous ne saurions trop recommander les œuvres de Louis Ménard, peu connu, eu égard à son grand mérite. L'érudition autant que la forme de ses ouvrages en font un des maîtres contemporains parmi ceux qui étudient l'antiquité.

Le dernier volume est un chef-d'œuvre philosophique sous forme de dialogues entremêlés de poésies.

ADAM (Juliette). — *Un Rêve sur le Divin* . . . . 5 »

Un charmant petit volume enveloppé de fin papier rose; soixante-quinze pages sur papier vélin teinté, finement liserées de bleu, titre semi-bleu, orné d'un gracieux frontispice de même teinte, le tout délicat, riant, gracieux comme un présent de baptême. C'est, en effet, le sourire d'une âme qui s'épanouit à la vie nouvelle, saluée avec amour par celles qui l'y attendent. C'est le chant qu'elle exhale en ouvrant pour la première fois ses ailes diaprées, repliées jusqu'alors dans la chrysalide d'une existence tout artistique.

(F. Ch. Barlet.)

NUS (Eugène). — *Nos Bêtises.* 3 50

Ce petit volume est un chef-d'œuvre de clarté, résumant ironiquement les conceptions religieuses, philosophiques et sociales des contemporains, et montrant les enfantillages auxquels elles peuvent conduire. L'écrivain se montre toujours dans cet ouvrage doublé d'un philosophe aussi profond qu'ironique.

— *A la recherche des destinées,* 1 vol. in-16 . . . . . 3 50

Ouvrage très important, vivement recommandé à tous les occultistes (Voyez le compte rendu détaillé, *Initiation,* janvier 1892.)

WORMS (René), agrégé de philosophie. — *La Morale de Spinoza.* — 1 vol. in-16. . . . . 3 50

Spinoza a su combiner les données de la Kabbale avec la méthode du cartésianisme. Dans sa morale, il a concilié l'épicurisme et le stoïcisme, les théories utilitaires et les théories des mystiques. Son œuvre est magistralement exposée dans ce volume couronné par l'Institut.

MATTER (M.). — *Le Mysticisme en France au temps de Fénelon,* in-18 jésus de 400 pages. 3 50

BALZAC (DE). — *Louis Lambert, Les Proscrits, Séraphita*, 1 vol. 1 25

Il suffit de relire les œuvres philosophiques de Balzac pour voir jusqu'à quel point il avait approfondi les études de science occulte. Certains passages de *Louis Lambert* sont merveilleux à ce point de vue, ainsi que *Séraphita* dans son ensemble.

POE (EDGARD). — Trad. par Ch. Baudelaire, *Eurêka*, 1 vol. 1 »

L'ouvrage scientifique d'Edgar Poë contient résumées toutes les théories dites théosophiques de l'Inde sur la naissance et la dissolution de l'Univers. Les occultistes doivent tous posséder ce volume et le méditer souvent.

GODIN, fondateur du Familistère de Guise (Aisne). *Solutions sociales*, 1 vol. avec plans. . . . . 5 »

Livre important, véritable évangile du travailleur, écrit par un travailleur, qui a mis en actes tous ses projets; ce volume contient des documents précieux et la plus haute morale; il enseigne ce que peuvent l'énergie, l'esprit de suite, secondés par les idées sociales les plus généreuses, les plus pratiques.

— *Mutualité sociale.* . . . . 5 »
— *Le Gouvernement*, ce qu'il a été, ce qu'il doit être, et le vrai socialisme en actions. . . . . 8 »

NORTH-WILLIAM. — *La République de l'Infini*, traduit de l'anglais par Henri de Beaufort, 1 pet. vol. in-12, nouvelle édition. . . . . 1 »

Espèce d'*Utopie* de la métaphysique où l'auteur se sert de son imagination pour deviner le plan de la création qui ne peut être inférieure, pense-t-il avec raison, à l'idéal humain.

LACOUR (J.-B.). — *Dieu et la création*, 1 vol. in-8, 1866. 5 »
ESCHENAUER (A). — *La Morale universelle*. Essai sur l'universalité des principes de la morale, 2e édition, 1 vol. grand in-8. . . . . 7 50

Ouvrage couronné par l'Académie française.

FAUVETY (CHARLES). — *La Solidarité*, deux volumes in-4. 10 »
Voyez à l'art. *Religions* ce que nous disons de cet auteur.

RÉGLA (PAUL DE). — *Jésus de Nazareth* au point de vue historique, scientifique et social, 1891. 1 vol. in-8°, de xxxii-406 pages, orné d'une belle eau-forte . . . . 8 »

L'auteur prouve victorieusement que Jésus fut, en réalité, le continuateur génial de l'œuvre de Jean-Baptiste; qu'il fut un thérapeute des plus puissants, et ne mourut pas sur la croix, ce qui explique les assertions des évangélistes et la croyance en la résurrection corporelle, en *chair* et en *os*.

H. DESTREM. — *Le Moi divin*, 1 vol. in-18. . . . . 3 fr.
Œuvre spiritualiste remarquable.

FLAMMARION (Camille). — *Dans le ciel et sur la terre*, tableaux et harmonies, illustrés de quatre eaux-fortes de Kauffmann, 1 vol. in-18 jésus. . . . . 5 »

— *La Pluralité des mondes habités*, au point de vue de l'Astronomie, de la Physiologie et de la Philosophie naturelle, 1 vol. in-18 avec figures. 3 50

— *Les Mondes imaginaires et les mondes réels*, revue des théories humaines sur les habitants des astres, in-18 av.fig. 3 50

— *Dieu dans la nature*, ou le spiritualisme et le matérialisme devant la science moderne, 20e édition, 1 fort in-18 . 4 »

— *Récits de l'Infini*. Lumen. Histoire d'une Ame. — Histoire d'une Comète. — La Vie universelle et éternelle, 10e édition, 1 vol. in-18. . . . . 3 50

Uranie, 1 vol. in-8 illus. par Bieler, Gambard et Mysbach. 10 »

En belle reliure d'amateur. . . . . 15 »

Le même in-18 . . . . 3 50

On sait que Camille Flammarion fut un spirite fervent, et ses œuvres montrent comment les doctrines ésotériques peuvent éclairer d'un jour nouveau nos sciences modernes.

CROS (Dr Antoine). — *Le Problème*, nouvelles hypothèses sur la destinée des êtres, 1 vol. in-8 de 300 pages, 1890 . . 6 »

CHATENET (Gustave). — *Les Ages et rêveries d'outre-tombe*, 1 vol. in-12 avec un portrait de l'auteur gravé sur cuivre, par V. Mondain, 1887 . . . . 3 50

MUNDUS

BIBLE MODERNE

LIVRE I

1 beau volume in-18 de 100 pages. — Prix : 2 fr.

ÉTUDE PHILOSOPHIQUE

sur l'univers, sur la nature de l'âme, le problème du Bien et du Mal, le bonheur et le malheur, l'involution et l'évolution.

L'auteur donne (ce qui n'avait pas été fait jusqu'ici) la raison de l'involution. Il a pris pour épigraphe : « On veut comprendre pour croire » ; c'est dire qu'il s'est avant tout efforcé d'être clair et accessible aux esprits même les moins portés aux études abstraites.

VITOUX (G.). — *L'Agonie d'Israël,* 1 vol. in-16 . . . . 3 50
  Ouvrage d'une très haute portée scientifique et sociale. L'auteur
s'est efforcé de démontrer scientifiquement la disparition progressive
de la race juive.
RENOUVIER (Ch.). — *Esquisse d'une classification systématique
  des doctrines philosophiques,* 2 vol. in-8, 1885 et 1886 16 »
  (Philosophie universitaire).
WEBER (Alfred).— *Histoire de la philosophie européenne.* 10 »
  Ouvrage adopté par les bibliothèques municipales de Paris.
BOUILLERIE (Mgr de la). — *L'Homme, sa nature, son âme, ses
  facultés et sa fin,* d'après la doctrine de saint Thomas d'A-
  quin, 2ᵉ édition, 1 beau vol. in-8 . . . . 6 »
— *Origine et philosophie du langage, ou Principes de linguistique indo-européenne,* par Paul Regnaud, professeur de
  sanscrit à la Faculté des lettres de Lyon. Deuxième édition,
  augmentée d'une *Introduction* et d'un *Rapport fait à l'Institut
  de France,* par M. Vacherot, 1 vol. in-12, 1888 . . 4 »
ELDIN (F.). — *La Vie future et le monde invisible,* in-12. 2 50
BRIÈRE DE BOISMONT (le Dᶜ). — *Des Hallucinations,* ou histoire raisonnée des apparitions, des visions, des songes, de
  l'extase, du magnétisme et du somnambulisme, in-8. 7 »
RAIMON (Auguste). — *Dieu et l'Homme,* étude philosophique,
  1 vol. in-8 de 400 pages. . . . . 5 »

LA
Conscience Sociale
De l'Humanité
SOLUTIONS IMMUABLES ET DÉFINITIVES
DE TOUTES LES
GRANDES QUESTIONS RELIGIEUSES
ET SOCIALES
Qui divisent actuellement l'humanité
Par un homme qui a la science infuse
Signant : LUMEN IN COELO
Brochure in-18. — Prix : 0 fr. 75

JANICK (Paule). — *Le Secret du Bonheur* broch. in-16. . . » 60
  Cette petite brochure par les idées morales qui y sont exposées
et par le charme du style font grand honneur à Mᵐᵉ Janick, bien
connue d'ailleurs de tous ceux qui suivent le mouvement spiritualiste.
CAILLIÉ (René). — *Haut les cœurs! — La Mort, c'est la vie,*
  brochure in-16. . . . . » 30

XVIII
RELIGIONS

Toutes les religions représentent également l'ésotérisme primitif. Leur étude, pour être fructueuse, doit donc être absolument impartiale.

L'Abbé ROCA

LE GLORIEUX CENTENAIRE
Fort volume grand in-8 . . . . . 7 fr. 50

LA FIN DE L'ANCIEN MONDE
LES NOUVEAUX CIEUX ET LA NOUVELLE TERRE

Un volume in-8 . . . . 5 fr.

La Crise fatale et le salut de l'Europe

Un volume in-16 . . . . 1 fr.

LE CHRIST, LE PAPE ET LA DÉMOCRATIE

Une brochure in-16 . . . . . . 3 fr. 50

Les travaux de l'abbé Roca ont donné lieu à d'importantes polémiques. Cet auteur est le premier qui ait osé prêcher au Pape la raison occulte des dogmes dont le Saint-Père ignore l'explication. L'abbé Roca est de plus un des grand promoteurs contemporains du socialisme chrétien. On ne peut faire qu'une seule critique à ses ouvrages, c'est le manque de base positive ; la forme en est parfaite.

FAUVETY (CHARLES). — *La Religion laïque*, en deux grands volumes in-4 . . . . 10 »
— *La Vie éternelle et le Salut collectif* 0 50
Ch. Fauvety est un des maîtres de la Philosophie spiritualiste contemporaine. Depuis de longues années il lutte pour la réussite des doctrines qui prennent maintenant un si grand essor.
— **HISTOIRE DES RELIGIONS**, par Albert Réville, professeur au Collège de France.
A. — *Leçon d'ouverture du cours d'Histoire des religions* au Collège de France. 1 broch. in-8, 1880 . . . . . 1 »
B. — *Prolégomènes de l'Histoire des religions*, 1 vol. in-8 1886 6 »
I. — *Les Religions des peuples non civilisés*. 2 v. in-8, 1883 12 »
II. — *Les Religions du Mexique, de l'Amérique centrale et du Pérou*. — 1 vol. in-8 . . . . 7 50
III. — *La Religion chinoise*, 1 vol. in-8 de 710 pages . 12 »
GENTILI. — *L'athéisme réfuté par la science*, 1 vol. gr. in-18 3 »
SAISSET (ADOLPHE). — *L'Origine des cultes et des Mystères*, in-8 5 »

— *Méditation sur le sermon de la montagne*, par le Duc du Maine fils légitimé de Louis XIV, publiée par A. MELLIER, professeur à la Faculté des lettres de Lyon. Un beau volume grand in-8 de 278 pages, ... 10 »

BARTH (A.). — *Les Religions de l'Inde.* Religions védiques. Rig-Véda. — Brahmanisme. — Bouddhisme-Jainisme. — Hindouisme. — 1 vol. grand in-8 raisin, 1879 . . . 5 »

GUETTEE (WALDIMIR). — *La Russie et son Eglise.* — Lettre à M. V. Soloview à propos de sa brochure intitulée l'*Idée Russe.* Brochure gr. in-8, 1888 . . . . 2 »

LA FASCINATION DE GULFI. — Traité de mythologie scandinave, composé par Snorri, fils de Sturla, trad. du texte norrain en français et expliqué dans une introduction et un commentaire critique perpétuel. 2e édition augmentée d'un répertoire général alphabétique des mots et des choses expliquées dans l'ouvrage, 1 vol. in-8, 1871 . . . 6 »

LEBLOIS (LOUIS) (de Strasbourg), — *Les Bibles et les Initiateurs religieux de l'Humanité.* — Etudes historiques et critiques sur les origines religieuses, 7 vol. gr. in-8 raisin, avec de nombreuses gravures et cartes 52 50

LECLERCQ (J.-B.). — *Une Eglise réformée au XVIIe siècle*, ou histoire de l'Eglise wallonne de Hanau, depuis sa fondation jusqu'à l'arrivée dans son sein des réfugiés français d'après des documents inédits et impartiaux, 1 vol. grand in-8   6 »

KINGSFORD (ANNA) et MAITLAND (ED.). — *La Voie parfaite ou le Christ ésotérique*, ouvrage traduit de l'anglais avec une préface par Edouard Schuré, in-8 raisin de 350 pages. 6 »

MAITLAND (EDOUARD). — *Les Ecritures dévoilées* ou la Genèse d'après un point de vue oublié, in-18 jésus . . . . 2 »

XIX
LITTÉRATURE ET POÉSIE

La littérature trouve dans l'occultisme de précieux éléments de développement. Aussi presque tous les littérateurs sérieux s'occupent-ils en ce moment de ces questions.

LYTTON BULWER. — *Les Derniers jours de Pompéi*, 1 vol. in-16 . . . . 1 25
— *Zanoni*, 2 vol. in-16 (8) 2 50
— *Alice ou les Mystères*, 1 vol. in-16 . . . . . . 1 25

Zanoni est un résumé complet de Science occulte mise à la portée de tous. Aussi recommandons-nous sa lecture à tous les commençants.

GŒTHE. — *Faust*, avec introd. d'Alex. Dumas fils. 3 50

Il est inutile de faire remarquer les nombreux éléments de Science occulte contenus dans le *Faust* de Gœthe. Tout le monde se souvient de la scène du Pentagramme et du Chien Noir.

BALZAC (DE). — *La Peau de Chagrin*, 1 vol 1 25*
— *La Recherche de l'absolu*, 1 vol. 1 25*
— *L'Enfant maudit*, 1 vol. 1 25*
— *Les Marana*, 1 vol. 1 25*
— *Sur Catherine de Médicis*, 1 vol. 1 25*
— *Histoire des Treize*, 1 vol. 1 25*
— *L'Envers de l'Histoire contemporaine*, 1 vol . . . 1 25*
— *Le Cousin Pons*, 1 vol 1 25*
— *Ursule Mirouet*, 1 vol 1 25*

Tous les romans que nous citons méritent l'attention de l'occultiste qui dans tous trouve d'importants passages consacrés aux différents aspects de la Science occulte que l'illustre romancier possédait à fond.

POE (EDGAR). — Trad. Ch. Baudelaire. *Histoires extraordinaires*, 1 vol . . . . 1 *
— *Histoires grotesques et sérieuses*, 1 vol . . . . . 1 *
— *Nouvelles Histoires extraordinaires*, 1 vol . . . . 1 *

GAUTIER (THÉOPHILE). — *Spirite*, 1 vol. in-12 . . . 3 50
— *Avatar*, 1 vol. in-18 . . . . 3 50

VILLARS (ABBÉ DE). — *Le Comte de Gabalis, ou Entretien sur les Sciences secrètes*, broch in-8 raisin, avec couverture illustrée . . . . 2 »

VILLIERS DE L'ISLE ADAM (COMTE A. DE). — *Tribulat Bonhomet*, 1 vol. in-8 . . . . 3 50
Chez les Passants (Fantaisies, pamphlets et souvenirs). Eau-forte et écusson de Félicien Rops, 1 vol. in-18 . . 3 50
Axel. — 1 beau vol. in-8 . . . . 7 50

A. CONSTANT (Éliphas Lévi). — *Sorcier de Meudon*, in-16 1 »

Petit ouvrage très intéressant d'Éliphas Lévi, réédité dernièrement.

*Pour recevoir tous ces ouvrages franco, ajouter 25 cent. au prix marqué.

L'ŒUVRE DE JOSEPHIN PÉLADAN

La Décadence latine (ÉTHOPÉE)

I. LE VICE SUPRÊME (1884-1891).
II. CURIEUSE (1885-1891).
III. L'INITIATION SENTIMENTALE (1886-1891).

IV. A CŒUR PERDU (1887-1891)
V. ISTAR, 2 volumes (1888-1891).
VI. LA VICTOIRE DU MARI (1889).
VII. CŒUR EN PEINE (1890).

Second Septénaire

VIII. L'ANDROGYNE (1891).
IX. LA GYNANDRE (1891).
X. LE PANTHÉE (1891).
XI. TYPHONIA (pour février 1892).

XII. LE DERNIER BOURBON (mai 1892).
XIII. LA LAMENTATION D'ILOV.
XIV. LA VERTU SUPRÊME.

ORAISON FUNÈBRE DU DOCTEUR ADRIEN PELADAN. . . 1 fr. 50
ORAISON FUNÈBRE DU CHEVALIER ADRIEN PELADAN . . 1 fr. 50

La Décadence esthétique (HIÉROPHANIE)

I. L'ESTHÉTIQUE AU SALON DE 1881.
II. — — 1882.
III. — — 1883.
IV. — — 1883. (1 vol. in-8, 7 fr. 50, premier tome de l'Art ochlocratique, avec portrait de l'auteur).
V. FÉLICIEN ROPS (brochure, Bruxelles ; épuisée).
VI. L'ESTHÉTIQUE AU SALON DE 1884 (l'Artiste).
VII. LES MUSÉES DE PROVINCE.
VIII. LA SECONDE RENAISSANCE FRANÇAISE ET SON SAVONAROLE.
IX. LES MUSÉES D'EUROPE d'après la collection Braun.

X. LE PROCÉDÉ DE MANET.
XI. GUSTAVE COURBET.
XII. L'ESTHÉTIQUE AU SALON DE 1885.
XIII. L'ART MYSTIQUE ET LA CRITIQUE CONTEMPORAINE.
XIV. LE MATÉRIALISME DANS L'ART.
XV-XVI. LE SALON DE JOSEPH PELADAN 1886-87.
XVII. LE SALON DE JOSEPH PELADAN 1889.
XVIII. LE GRAND ŒUVRE, d'après Léonard de Vinci.
XIX. LES DEUX SALONS DE 1890 avec trois mandements de la R + C.

(INTRODUCTION à l'histoire des peintres de toutes les écoles, depuis les origines jusqu'à la Renaissance, avec reproduction de leurs chefs-d'œuvre et pinacographie spéciale, in-4, format du Charles Blanc. Parus : L'Orcagna et l'Angelico, 5 francs. — Rembrandt, 1881 (épuisé).

Théâtre

LE PRINCE DE BYZANCE (refusé à l'Odéon et à la Comédie-Française).
LE SAR MERODACK BELADAN (tragédie en quatre actes).
LE FILS DES ÉTOILES, en 3 actes.

Amphithéâtre des sciences mortes (Voir page 26).

LA QUESTE DU GRAAL

PROSES LYRIQUES DE L'ÉTHOPÉE

LA DÉCADENCE LATINE

DIX FRONTISPICES & UN PORTRAIT DE SEON

Un volume in-18 . . . . 3 fr. 50

JULES LERMINA

LA MAGICIENNE

1 beau vol. in-16 de 384 pages avec dessin inédit de C. Lefèvre.

Prix : **3** fr. **50**

La *Magicienne* est une œuvre des plus originales. Par la hardiesse de ses hypothèses, JULES LERMINA attire le regard vers les espaces invisités, comme ces voyageurs qui, par leurs écrits merveilleux, ont poussé les explorateurs à la conquête de la terre. Ce livre est le manuel de la magie maternelle et conjugale.

HENNIQUE (Léon). — *Un Caractère*. Roman spirite . . 3 50
C'est un des premiers romans contemporains où les théories du spiritisme soient présentées par un écrivain de talent universellement reconnu comme l'un de nos meilleurs stylistes.

GIRAUD-MONTIÈRE. — *Le docteur Selectin*, 1 vol. in-18. 3 50
Résumé des plus paradoxales et surtout des plus profondes théories philosophiques sur la Nature et sur l'Homme, le tout agrémenté d'épisodes pétillants d'esprit.

MICHELET (J.). — *La Sorcière*, 1 vol. 3 50
MAUPASSANT (Guy de). — *Le Horla*, 1 vol. grand in-18. 3 50
Roman magique (Etude sur le corps astral).

THIERRY (Gilbert-Augustin). — *La Tresse blonde.*
Un chef-d'œuvre de pensée et de style dans lequel sont exposées plusieurs des principales données de l'Occultisme.

LARMANDIE (Cte de). — *Chevauchée de la Chimère.* — I. Mes Yeux d'enfant. — II. L'Age de fer. — III. L'Age de feu. — 3 beaux volumes in-16. Le vol. . . . . 4 »

ADAM (Paul). — *En décor.*
Paul Adam est un des littérateurs les plus puissants et les *plus sérieux* parmi ceux qui étudient la Magie et en exposent les mystères en les appliquant au Roman.
Les études de Paul Adam sur le *Sabbat*, sur l'*Enroulement et la puissance magique de la Volonté* sont faites d'après des recherches aussi difficiles que bien comprises.
— *Être*, 1 vol. in-18 jésus. 3 50
Suggestion, étude sur la Magie et les Magiciens. — Signalons tout particulièrement une émouvante description du « Sabbat » toute vibrante de poétiques épisodes.
— *Essence de Soleil*, 1 vol. in-12. . . . . 3 50
Etude sur le Sémitisme politique que l'auteur a étudié de près.

JOUFFROY (Auguste). — *La Somnambule*, 1 vol. in-18 jésus. . . . . 2 »

KOLBAC (Noel).— *Le Sang*, roman magique, 1 vol. in-18. 3 50

LAVELEYE (E. de). — *Les Niebelungen*. Traduction nouvelle
par Emile de Laveleye, 1 vol. in-18. . . . . . 3 50
— *La Saga des Niebelungen*, dans les *Eddas* et dans le Nord
scandinave, précédée d'une étude sur la formation de
l'épopée, 1 vol. in-18 (16). 3 50

SÉGALAS (Mᵐᵉ Anaïs). — *Les Magiciennes d'aujourd'hui*, 1
vol. . . . . 3 »

DUMONT (A.). — *La Cartomancienne*, 1 vol. in-18 jésus,
1889. . . . . 3 50

KRUGER (F. Herman). — *Essai sur la théorie d'Esaïe*, X-L
LXVI, 1 vol. in-18, 1881. . . . . 3 50

ZACCONE (Pierre). — *Les Templiers*, in-18, 1 vol. . . 1 »
— *Les Francs-Maçons*, 1 vol. in-8 . . . . 1 »

CONTES FANTASTIQUES.— *Le Diable amoureux, Démon marié*
Merveilleuses histoires, un vol. elzévirien, in-16. . 7 »

DUJARRIC (Gaston). — *Autour du Mystère*, 1 vol. in-16. 3 50
— *Souvenirs d'Escales et de Traversées*, 1 vol. in-16 . . 3 50

BAUDELAIRE (Charles).— *Les Fleurs du mal*, poésies complètes, 1 vol. 3 50

MENDÈS (Catulle). — *Hespérus*, 1 plaquette in-18. . 1 »
Poésie inspirée par les théories swedenborgiennes. Chef-d'œuvre
incontesté du merveilleux poète qu'est Catulle Mendès.

GOUDEAU (Émile). — *Fleurs de bitume*, 1 vol. . . . 3 50
— *Poèmes ironiques*, 1 vol. grand in-18. . . . . 3 50
Un philosophe profond se révèle sous l'observateur impeccable
qu'est l'auteur des *Fleurs de bitume*. L'analogie, méthode conservée
par les occultistes à travers les âges, est superbement mise en
œuvre dans ces vers cruels.

GUAITA (Stanislas de). — *La Muse noire*, 1 vol. in-18 jésus
beau vélin. . . . . 3 »
— *Rosa mystica*, 1 vol. in-18. . . . . 3 »
Œuvres poétiques de Stanislas de Guaita, que M. Anatole France,
le critique autorisé du *Temps*, qualifie de « poète délicieux ». La
vocation magique de l'auteur du *Seuil du Mystère* apparait déjà dans
quelques-unes de ces pièces de vers.

JHOUNEY (Alber). — *L'Étoile Sainte. Les Lys noirs*, in-8. 3 »
— *Le Livre du Jugement*, in-8. . . . . 3 »
— *Entrevue du Tsar et de l'Empereur d'Allemagne*, brochure
in-8. . . . . 0 20
— *L'Ame de la Foi*, broch. in-8. . . . . 0 30
Comme poète, Alber Jhouney jouit d'une réputation justement
méritée. Aussi les théories kabbalistiques exposées dans ces volumes
ne peuvent-elles que gagner à être dites en si belle forme.

FAGET (Laurent de). — *Aspirations poétiques.* . . . 3 »
— *La Muse irritée*, réponse à Jean Richepin, poésie . 3 »
— *De l'Atome du Firmament*, poésies. 3 50
CHAIGNEAU (Camille). — *Les Chrysanthèmes de Marie*, 1 vol.
grand in-18 jésus. 3 50
Poésies spirites.
LARGERIS (M.). — *Les Chants du Kosmos*, poésies, 1 volume
in-16 . . . . 2 50
BOIS (Jules). — *Il ne faut pas mourir*, élégante plaquette
petit in-18 . . . . » 60
Poésie.

SOUS PRESSE :

MICHEL DELÉZINIER

Fragments sans suite d'une Étude sans fin

1 vol. in-18 avec gravure inédite : **3 fr. 50**

J. DE TALLENAY
(Madame Ernest VAN BRUYSSEL)

L'INVISIBLE
SENSATIONS DE L'AU-DELA

Un volume in-18. avec un frontispice de George MORREN

SOUS PRESSE POUR PARAITRE EN MAI 1892

Mme de Tallenay aborde dans cet ouvrage les points les plus élevés de la doctrine spiritualiste, qu'elle a su dépouiller de leur aridité et transporter dans le domaine du roman sans les amoindrir.
Les qualités littéraires de l'auteur et l'intérêt spécial qui s'attache actuellement aux questions psychologiques assurent à cet ouvrage l'attention des lecteurs mondains comme celle des curieux de théories nouvelles.

SOUS PRESSE :

CHABOSEAU (Augustin). — *Cochon Violet* (nouvelles), 1 vol. in-18 jésus 3 50
Cochon Violet. — L'Œil du Vide. — Pâques Fleuries. — Luce-Anne. — La Pédale. — El Habanero. — Celle à Cacheux.
— *Le Droit des Bêtes*, 1 brochure in-8° . . . . . . 1 »

XX

HISTOIRE

Plusieurs critiques se sont occupés de la science occulte et en ont écrit des histoires partielles.

D'autre part la connaissance des auteurs principaux d'occultisme est indispensable aux chercheurs ; de là les travaux suivants :

FABART (Félix). — *Histoire philosophique et politique de l'occulte. Magie. Sorcellerie. Spiritisme*, avec une préface par Camille Flammarion, 1 vol. in-18. . . . . . . 3 50
Ouvrage intéressant principalement comme recherche sur l'Hermétisme. La partie historique est très incomplète.

PAPUS. — *Fabre d'Olivet et Saint-Yves d'Alveydre*. Broch. gr. in-8, rare . . . . 1 »
Dans cette étude on établit la différence entre les doctrines purement sociales de Saint-Yves d'Alveydre et celles toutes philosophiques de Fabre d'Olivet.

NEY (Napoléon). — *Les Sociétés secrètes musulmanes*. Prix : 1 »
Etude contenant une foule de renseignements inédits.

KALIXT DE WOLSKI. — *La Russie Juive. Monita secreta* des Juifs, 1 vol. in-16. . . . . 3 50
Détails très intéressants sur les mœurs juives et sur la situation des Israélites dans l'empire russe.

PICTET (Adolphe). — *Les Origines indo-européennes, ou les Aryas primitifs, Paléontologie linguistique*, 3 vol. 30 »
Ouvrage couronné par l'Académie française (Prix Volney).

HARLY (Mgr de). — *La Bible dans l'Inde*, 1 vol. in-12 . 3 »

DUNCKER (Max). — *Les Egyptiens. — Les Nations sémitiques. — Histoire de l'Antiquité*. Nouvelle édition, 1 vol. in-8 6 »

LOTTI (Arthur). — *La Cause d'Honorius*, documents originaux, avec traduction, notes 1 volume à 3 colonnes grec, latin, français, grand in-8. . . . . 5 »

RHEINHARD DE LIETCHY (l'abbé). — *Albert le Grand et saint Thomas d'Aquin, ou la Science au moyen âge*, vol. in-12 3 »

H. LEFORT

L'ERREUR LATINE

Brochure in-16. . . . . 0 fr. 50

L'auteur invite tous les vrais Français à revenir à leur véritable origine Celtique en abandonnant l'Erreur Latine et ses funestes conséquences.

XXI

VOYAGES

Plusieurs faits curieux prouvant l'existence, en Orient, de tout un ordre de sciences différentes des nôtres sont relatés dans les ouvrages suivants.

HUC (Le P.), missionnaire. — *Voyage au Thibet*, 2 vol. in-12 .... 7 »

— *Voyage en Chine et en Tartarie*, 2 vol. in-12. . .   7 »

JACOLLIOT (L.). — *Etudes indianistes.* — *La Bible dans l'Inde*, 1 vol. in-8. . . . . 6 »

— *Christna et le Christ*, 1 vol. in-8. . . . . . . 6 »

— *Fétichisme.* — *Polythéisme.* — *Monothéisme*, 1 vol. in-8.   6 »

— *Les Fils de Dieu*, 1 vol. in-8. . . . . 6 »

— *La Genèse de l'Humanité*, 1 vol. in-8. . . . . . 6 »

— *Histoire des Vierges*, 1 vol. in-8. . . . . . . 6 »

— *Les Législateurs religieux*, 1re série, *Manou*, 1 vol. in-8   6 »

— *Les Législateurs religieux*, 2e série, *Moïse*, 1 vol. in-8   6 »

— *Le Spiritisme dans le monde*, 1 vol. in-8. . . . . 6 »

— *Le Paria dans l'Humanité*, 1 vol. in-8. . . . . 6 »

— *Les Traditions indo-asiatiques*, 1 vol. in-8. . . . 6 »

— *Les Traditions indo-européennes et africaines*, 1 vol. in-8 . . . . 6 »

— *La Femme dans l'Inde*, 1 vol. in-8. . . . . . . 6 »

— *Rois, Prêtres et Castes dans les Sociétés antiques*, 1 vol. in-8 . . . . 6 »

— *La Mythologie de Manou.* — *L'Olympe brahmanique*, 1 vol. in-8 . . . . 6 »

— *La Devadassi (Bayadère)*, coméd. en 4 parties, trad. du *Tamoul*, in-8. . . . . 1 »

— *Voyage au pays des Brahmes*, 3e édition, 1 vol. grand in-18 jésus. Illustrations de E. Gérardi. . . . . . . 4 »

— *Voyage au pays des fakirs charmeurs*, 3e édition, 1 vol. gr. in-8 jésus. Illustrations de Mouillon et El. Gérardi . 4 »

C'est dans ces volumes que se trouvent les récits des prodiges opérés par les fakirs de l'Inde.

————✦◁◇▷✦————

XXII

DIVERS

GERARD (Dr. J.). — *La Grande névrose*, illustrations de José
Roy. Un volume in-18 jésus. . . . . 5 »
— *Nouvelles Causes de stérilité dans les deux sexes. Fécon-
dation artificielle*, illustrations par José Roy. 1 vol. in-
18. . . . . 5 »

BREWER (Dr C. E.). — *La Clef de la science*, explication vraie
des faits et des phénomènes des sciences physiques, sixième
édition, revue, transformée et considérablement augmentée
par M. l'abbé Moigno, 1 fort vol. in-18 de 700 pages,
avec figure dans le texte, terminé par une table analytique de 29 pages du plus grand intérêt pour l'ouvrage.
Prix : broché. 4 50
Demi-reliure, chagrin. . . . . 6 »
« Nous avouons très candidement que nous n'avons jamais vu
d'ouvrage offrant, avec plus de charmes et à meilleur marché, une
si grande quantité de connaissances dignes de foi. »
(*Magazine of science. — London.*)

E. NOÉ

LES OUTRAGES A LA NATURE
ET LEUR CONSÉQUENCE
1 volume in-16 . . . . **2 fr. 50**

BENOIT (Dom P. docteur en philosophie et en théologie, ancien directeur de séminaire). — *La Cité antichrétienne au
XIXᵉ siècle.*

— I. *Les Erreurs modernes*, 2 forts volumes in-12. . 8 »
— II. *La Franc-Maçonnerie*, 2 forts volumes in-12. . 8 »
BOUILLERIE (Mgr de la). — *Le Symbolisme de la Nature* inter-
prété d'après l'Ecriture Sainte et les Pères, 2 vol. in-12. 7 »
RENUSSON (B. de). — *Le Christianisme et le suffrage universel*,
adressé à S. E. Mgr Donnet, cardinal-archevêque de Bor-
deaux. 1 vol. grand in-18 jésus 3 50
DOMBRE (Maurice). — *Etude sur la pensée religieuse de Michel-
Ange*, grand in-8 raisin, 1883. . . . . 2 »

JEAN LAUMONIER

LA NATIONALITÉ FRANÇAISE

I. LA TERRE.
II. LES HOMMES.

2 beaux volumes in-18, le volume : 4 fr.

Œuvre géographique faite à un point de vue nouveau. Les conséquences philosophiques des statistiques sont tirées avec une étonnante logique.

J. DALGER

LES CATACOMBES DE PARIS

1 beau vol. in-18 de 200 pages

orné de plusieurs gravures et d'un plan des catacombes

2 francs

SOUS PRESSE

L'Initiation

Revue philosophique indépendante des Hautes Études

Hypnotisme, Force psychique
Théosophie, Kabbale
Gnose, Franc-Maçonnerie
Sciences Occultes

Mensuelle — 100 pages — 50 Rédacteurs — 5e Année

DIRECTEUR : **PAPUS**

DIRECTEUR-ADJOINT : Lucien MAUCHEL

Rédacteur en chef:

George MONTIÈRE

Secrétaires de la Rédaction :

CH. BARLET. — J. LEJAY

ABONNEMENTS :

FRANCE. Un an	10 fr.
UNION POSTALE	12 fr.
LE NUMÉRO (franco) . .	1 fr.

Les abonnements partent de chaque mois au gré des abonnés

L'année commence en octobre pour la numération des numéros.

On peut dire sans crainte d'être démenti que l'INITIATION tient la tête du mouvement spiritualiste actuel, tant par la faveur dont elle a été accueillie auprès du public que par le nombre et la compétence de ses rédacteurs.

L'INITIATION *a progressivement augmenté son tirage depuis sa fondation.*

La collection de l'INITIATION, aujourd'hui presque introuvable, constitue une encyclopédie complète du Spiritualisme dans toutes ses branches.

Le caractère constant de cette Revue est de rester *exclusivement scientifique* en évitant toujours de donner prise à certaines exagérations qui ridiculisent souvent les organes défendant le spiritualisme.

Voilà pourquoi l'INITIATION a été l'objet d'appréciations et de lettres très flatteuses de la part de M. Ad. Franck, de l'Institut, cette revue a été autorisée spécialement à publier la lettre toute récente de William Crookes sur ses expériences, l'article de M. le Professeur Richet sur la Télépathie, etc., etc.

Si nous signalons de plus parmi les études originales publiées: *Les Etats profonds de l'Hypnose* du Cnel A. de Rochas, administrateur de l'Ecole polytechnique ; l'enquête sur *Certains phénomènes de Force Psychique*, par A. Lemerle, ancien élève de l'Ecole polytechnique ; les articles sur la *Gnose*, de M. Jules Doinel, archiviste du département du Loiret ; les recherches sur les Sociétés secrètes musulmanes, de M. Napoléon Ney, pour la partie scientifique, les nouvelles inédites signées Jules Lermina, Augustin Chaboseau, René de Maricourt et Saint-Fargeau, pour la partie littéraire, sans parler de la partie initiatique où les études de F. Ch. Barlet, Stanislas de Guaita, Julien Lejay, George Montière, Papus, développent le côté technique de la Science Occulte, nous aurons montré l'importance réelle de l'*Initiation* au point de vue de la renaissance du Spiritualisme scientifique en France.

PRINCIPAUX RÉDACTEURS & COLLABORATEURS
de l'INITIATION
1º — PARTIE INITIATIQUE

F. Ch. Barlet. S∴ I∴ Ṅ — Stanislas de Guaita. S∴ I∴ Ṅ — Julien Lejay, S∴ I∴ Ṅ — George Montière, S∴ I∴ Ṅ — Papus, S∴ I∴ Ṅ.

2º — PARTIE PHILOSOPHIQUE ET SCIENTIFIQUE

Aleph. — Le F∴ Bertrand 18e∴ — René Caillié. — A. C. Tshéla. — Camille Chaigneau. — Chimua du Lafay. — G. Delanne. — Delézinier. — Jules Doinel. — Fabre des Essarts. — Jules Giraud. — Horace Lefort. — L. Lemerle. — Donald Mac-Nab. — Marcus de Vèze. — Lucien Mauchel. — Napoléon Ney. — Eugène Nus. — Horace Pelletier. — Philophotes — G. Poirel. — Quærens. — Raymond. — A. Robert. — A. de Rochas. — Rouxel. — H. Sausse. — Paul Sédir. — Selva. — L. Stevenard. — Pierre Torcy. — G. Vitoux. — F. Vurgey. — Henri Welsch. — Oswald Wirth.

3º — PARTIE LITTÉRAIRE

Maurice Beaubourg. — E. Goudeau. — Manoël de Grandfort. — Jules Lermina. — L. Hennique. — R de Maricourt. — Catulle Mendès. — Émile Michelet. — George Montière. — Léon Riotor. — Saint-Fargeau. — Ch. de Sivry. — Ch. Torquet.

4º — POESIE

Ed. Bazire. — Ch. Dubourg. — Rodolphe Darzens. — R. de Maricourt. — Paul Marrot. — Robert de la Villehervé.

Troisième année

LE VOILE D'ISIS

Organe hebdomadaire du Groupe Indépendant d'Études Ésotériques de Paris

| LE SURNATUREL n'existe pas. |  | LE HASARD n'existe pas |

ABONNEMENTS France		ABONNEMENTS Union postale	
UN AN.	5 fr.	UN AN.	6 fr.
SIX MOIS.	3 —	SIX MOIS	3 50
DEUX MOIS.	1 —	TROIS MOIS	2 —

Le numéro : Dix Centimes

| Directeur : PAPUS 29, Rue de Trévise | Rédacteur en chef : Julien LEJAY S∴ I∴ | Secrét^re de la Rédaction: L. MAUCHEL 29, Rue de Trévise |

Le Voile d'Isis doit son succès à son caractère bien particulier d'organe *pratique*. Les théories présentées sont généralement écrites dans le style de causeries, telles qu'elles ont été exposées devant le public.

De plus, le Voile d'Isis enregistre avec soin tous les phénomènes étranges se rapportant à la Magie, à la Force psychique, au Spiritualisme, au Magnétisme, etc., etc., ce qui lui donne une portée très grande pour le chercheur.

Enfin il publie divers feuilletons : *l'Histoire de la S T.*, depuis sa fondation jusqu'à nos jours, par Papus, et surtout *les Vers dorés de Pythagore*, de Fabre d'Olivet, merveilleux résumé de la Science occulte, publié in-extenso. Il publie en ce moment une *Bibliographie complète de la Science Occulte*, par Marcus de Vèze.

Le Voile d'Isis a déjà paru en un numéro exceptionnel tiré à 100,000 exemplaires.

PSYCHÉ

REVUE MENSUELLE D'ART ET DE LITTÉRATURE

Rédacteur en chef : Émile MICHELET
Secrétaire de la Rédaction : Augustin CHABOSEAU

UN NUMÉRO : 25 CENTIMES

ABONNEMENTS. — Un an : 3 fr.   Étranger : 3 fr. 50

Les Revues se divisent en deux catégories : celles qui sont des entreprises commerciales et celles qui se proposent de servir une idée. *Psyché* appartient à cette seconde catégorie.

Uniquement littéraire et artistique, elle pense que tout art est secondaire qui n'est pas basé sur une philosophie.

Une théorie n'a pas besoin de se manifester autrement que par sa réalisation ; une esthétique n'a lieu d'exister, qu'invisible et virtuelle, dans l'œuvre d'art qu'elle a suggérée. A qui contemple Notre-Dame de Paris, peu importent les plans des architectes qui la firent surgir.

Voilà pourquoi, s'éloignant de l'abstraction pure, *Psyché* tentera de *suggérer* son idéal, sans le prêcher dogmatiquement.

Car elle s'affirme investie d'une tradition, munie d'une doctrine. La force d'une intelligence libre, c'est d'avoir sur toute chose une décision. Entité pensante, *Psyché* prétend émettre, sur toutes choses de l'art, une décision.

Peut-être ne se montrerait-elle pas si affirmative si elle parlait au nom de sa personnalité. Elle dit parler au nom d'une tradition dont l'origine s'efface à l'horizon du temps, tradition que de hauts esprits se passent — lanterne sourde dans les ténèbres immortelles — et que les poètes ont toujours connue par l'œil aquilin de l'intuition.

Ce que veut être *Psyché*, le dessin de son frontispice l'indique : Sur les flancs du taureau ailé, elle va des mystères antiques aux mystères modernes, vers l'île de la Seine, élue pour contenir la fatidique « arche d'Isis ». Un pantacle ne se commente pas. Il est superflu de l'expliquer à qui ne peut le deviner.

Psyché sera spiritualiste, et surtout synthétique, c'est-à-dire éprise de la combinaison harmonieuse de tous les éléments qui constituent la vie. Et la vie d'une œuvre d'art comprend les mêmes éléments que la vie d'un homme.

A qui peut-elle s'adresser ? A une élite hautaine d'initiés ? Non, à tous ceux dont l'intelligence et la sensibilité n'ont pas été faussées par des éducations artificielles.

Sera-t-elle, comme beaucoup de revues littéraires, une petite chapelle de bonzes ankylosés par la contemplation de leur nombril ? Non. Elle aimera la beauté sous toutes ses formes, partout où elle la trouvera. La *Psyché* du mythe éternel fut une curieuse. C'est ce qui la perdit, d'ailleurs. Cette Psyché-ci se perdra, s'il le faut, pour apporter une lueur sur le mystère.

A cause de se dire spiritualiste, ne sera-t-elle qu'une ombre vaine, incapable de réaliser son idéal, d'incarner son Verbe ? Car *un idéal ne se peut manifester qu'en constituant sa proportion par une réalité.*

La Psyché mythique ne fut pas un stérile fantôme. L'Amour la féconda, et ses flancs ont donné la vie.

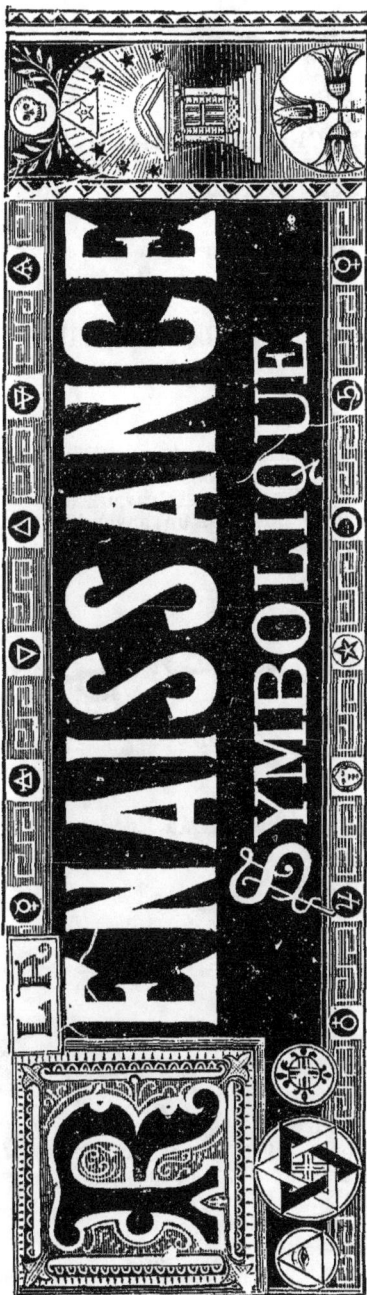

L'Étoile

Revue mensuelle

Kabbale messianique — Socialisme chrétien
Spiritualisme expérimental

Fondateur : ALBER JHOUNEY

JULES **BOIS**
Secrét. de la Rédaction

Prix du Numéro
60 centimes

RENÉ **CAILLIÉ**
Directeur

L'Étoile est un des organes les plus intéressants de l'Occultisme en France. — Les études kabbalistiques et les poésies ésotériques de M. Alber Jhouney, les articles de l'abbé Roca et les travaux de notre ami René Caillié forment, dans chaque numéro, un ensemble des plus instructifs. De plus l'élément littéraire est fort bien représenté dans cette revue.

L'AURORE
ORGANE DU CHRISTIANISME ÉSOTÉRIQUE

REVUE MENSUELLE

SOUS LA DIRECTION

de Lady Caithness
DUCHESSE DE POMAR

Prix du numéro : **1** fr. **50** c.
ABONNEMENT : PRIX UNIQUE POUR TOUTE L'UNION POSTALE
Un an : **15** francs

L'Aurore de Mme la duchesse de Pomar est consacrée à la défense du Spiritualisme et du Mysticisme chrétien. — Elle a reproduit dernièrement l'important ouvrage *The Perfect Way* d'Anna Kingsford et Maitland.

PHILOSOPHIE GÉNÉRALE

DES

Étudiants Swedenborgiens

LIBRES

REVUE TRIMESTRIELLE

des Études scientifiques, psychologiques, magnétiques, dans leurs rapports avec la Biologie

PRIX DE L'ABONNEMENT : 4 FRANCS PAR AN

La collection de cette Revue est une des meilleures que puisse posséder l'occultiste. Nous ne pouvons que regretter qu'un organe si indépendant et sibien rédigé ne paraisse que tous les trois mois.

LA PAIX UNIVERSELLE

REVUE INDÉPENDANTE

MAGNÉTISME TRANSCENDANTAL

SCIENCE AMOUR SAGESSE	PHILOSOPHIE ★ PHYSIOLOGIE ★ PSYCHOLOGIE	TRAVAIL DEVOIR JUSTICE
La connaissance de soi-même engendre l'amour de son semblable. A. B.	Directeur : B. NICOLAÏ	Il n'y a pas de culte plus élevé que la vérité.
Abonnement UN AN { France. 3 fr. / Etranger 3 fr. 50	Le Numéro : 10 centimes	Il parait un numéro les 1er et 3e dimanche de chaque mois.

Revue indépendante contenant de nombreux extraits de l'INITIATION et du VOILE D'ISIS, accompagnés d'études originales autant que profondes de A. Bouvier, Phal-Nose, Nicolaï, etc., etc. M. H. Sylvestre, le spirituel et savant critique, fait la revue des journaux du mois avec son *brio* bien connu.

ANNALES

DES

Sciences Psychiques

Recueil d'Observations et d'Expériences

PARAISSANT TOUS LES DEUX MOIS

DIRECTEUR : **M. le Dr DARIEX**

PRIX D'ABONNEMENT :

Un an (à partir du 15 février) pour tous pays. . . . . . **12 fr.**

La livraison : 2 fr. 50

---

40 centimes le Numéro

LE SPIRITISME

ORGANE DE L'UNION SPIRITE FRANÇAISE

Naître, mourir, renaître et progresser sans cesse, telle est la loi. ALLAN KARDEC.

ABONNEMENTS	RÉDACTEUR EN CHEF	LE JOURNAL PARAIT
Paris et Départements: 5 f. p^r an Étranger.............. 6 —	Gabriel DELANNE	Une fois par mois

La seule cnuareRpislpbuieFeérvi nete e qui ait des tendances nettement scientifiques. Les discussions y sont élevées et courtoises, les théories y sont discutées généralement de la manière la plus équitable, eu égard au caractère spécial du journal.

MONITEUR

SPIRITE & MAGNÉTIQUE

paraissant le 15 de chaque mois

PRIX D'ABONNEMENT :

BELGIQUE. . . . . par an, fr. 2,00 } payables par
ÉTRANGER (Union postale) . . » » 2,50 } anticipation

Organe OFFICIEUX, sinon officiel, de la Société de Spiritisme scientifique. La correspondance parisienne de B. SYLVAIN a été fort remarquée. C'est un des plus VIVANTS parmi les organes spiritualistes indépendants.

LA

REVUE SPIRITE

JOURNAL D'ÉTUDES PSYCHOLOGIQUES

ET

SPIRITUALISME EXPÉRIMENTAL

REVUE MENSUELLE FONDÉE EN 1858

PAR

ALLAN KARDEC

La *Revue Spirite* paraît le 1er de chaque mois, par cahiers de 3 feuilles grand in-8°, soit 48 pages chaque cahier.

Prix pour la France et l'Algérie, 10 francs par an. — Etranger, 12 francs. — Amérique et pays d'outre-mer, 14 francs. — Un numéro : 1 fr.

Tous les abonnements partent du 1er janvier Chaque numéro séparé : 1 fr.

Est au Spiritisme ce que le *Petit Journal* est à la Littérature. — Excellente publication pour intelligences moyennes ; n'aborde jamais les hautes questions philosophiques et se signale par son amour pour les polémiques anonymes. La direction et la rédaction en chef sont également anonymes.

COLLECTION DE *la Revue Spirite* DEPUIS 1858. — Chaque année forme un fort volume grand in-8, broché, avec titre spécial, table générale et couverture imprimée. Prix : chacune des 30 premières années, 1858 à 1887, prises séparément, 6 fr. 20 cent. le volume, port payé. La collection complète, 32 volumes, 184 francs port payé. — 32e année, 1889, prise séparément, 10 francs. — *Reliure solide, prix* 2 fr. 50 par volume.

JOURNAL DU MAGNÉTISME

Fondé en 1845, par M. le baron du Potet

Organe de la Société magnétique de France, paraissant les 1er et 16 de chaque mois

Directeur : H. DURVILLE, secrétaire général de la Société.

Rédacteur en chef : G. FABIUS DE CHAMPVILLE

Secrétaire de la rédaction : GEORGES DÉMAREST

ABONNEMENT : **10** francs, pour toute l'UNION POSTALE

Prix du numéro, 50 centimes

Le *Journal du Magnétisme* est le seul organe bi-mensuel qui défende en France les principes du Magnétisme et l'existence du fluide. Il est fort bien rédigé et contient des articles d'un grand intérêt.

REVUE DES SCIENCES
Psychologiques
ILLUSTRÉE

L. MOUTIN, DIRECTEUR,

E. GUINTRAND, *Rédacteur en chef.*   S. BECHT,

Secrét. de la rédaction.   *Administrateur.*

PROGRAMME :

PHYSIOLOGIE, HYPNOTISME, PSYCHOLOGIE, SUGGESTION, SOMNAMBULISME, MAGNÉTISME, SPIRITUALISME, THÉOSOPHIE, PHILOSOPHIE, SOCIOLOGIE, KABBALE, FRANC-MAÇONNERIE, ETC.

PARAIT LE 20 DE CHAQUE MOIS

ABONNEMENTS :

Paris et Départements, Algérie et Tunisie comprises, un an, **8** fr

Étranger, un an, **10** fr.

Cette Revue s'occupe de tout ce qui a trait au Spiritualisme. On peut lui reprocher toutefois la longueur des articles publiés eu égard à l'exiguité du numéro, ce qui fait que, la plupart du temps, il faut six mois pour achever la lecture d'une étude tant soit peu fouillée. La rédaction de cette revue est une des plus complètes que possède le Spiritualisme. M. Moutin le célèbre magnétiseur, y publie de très remarquables articles sur le magnétisme, l'hypnotisme, etc.

La CHAINE MAGNÉTIQUE

ORGANE DES SOCIÉTÉS MAGNÉTIQUES DE FRANCE ET DE L'ÉTRANGER

Echo des Salons et Cabinets de Magnétisme et de Somnambulisme

DIRECTEUR : Louis AUFFINGER

ABONNEMENTS :

FRANCE	ÉTRANGER
Un an. 8 fr.	Six mois 4 fr. 50	Un an. 9 fr.	Six mois. 5 fr.

PRIX DU NUMÉRO : 50 CENTIMES

Revue mensuelle de Magnétisme. On y trouve de remarquables études de M. Horace Pelletier, ainsi que de nombreuses correspondances de magnétisme de diverses écoles. De plus, le directeur, M. Auffinger, rend compte mensuellement des séances de l'Institut magnétologique, qu'il dirige.

REVUE D'HYPNOLOGIE

THÉORIQUE ET PRATIQUE

dans ses rapports avec la psychologie des maladies nerveuses et mentales

Directeur : Docteur LUYS

MENSUELLE

France............................ 10 fr.
Etranger.......................... 12 fr.

COLLECTION DE LA PREMIÈRE ANNÉE : 12 fr.

Cette Revue a été remplacée par
LES

Annales de Psychiâtrie et d'Hypnologie

Même Direction ; mêmes prix.

REVUE MAGNÉTIQUE

Journal des cures et faits magnétiques et somnambuliques

Décembre 1844 à octobre 1846

2 volumes in-8 .... 8 fr.

Les numéros de mai, juin, juillet, août et septembre 1846 n'ont jamais été publiés et forment dans le tome II une lacune des pages 241 à 432.

LA

REVUE SOCIALISTE

Paraissant le 15 de chaque mois

BENOIT MALON | **RODOLPHE SIMON**

Directeur-Gérant | *Administrateur, délégué*

ABONNEMENTS

(Le prix de l'abonnement est payable d'avance)

FRANCE : Six mois, 9 francs. — Un an, 18 francs.

ÉTRANGER : Six mois, 10 francs. — Un an, 20 francs.

Le Numéro : 1 fr. 50 pour la France

— 1 fr. 75 pour l'Étranger

La plus importante et la mieux rédigée des Revues d'études sociales de France et même d'Europe. — Les noms des plus éminents parmi les philosophes et les hommes politiques qui s'occupent du Socialisme se rencontrent dans sa rédaction.

LE

Socialiste Chrétien

Organe du Socialisme de Jésus et des Apôtres

JOURNAL-REVUE HEBDOMADAIRE

Rédacteur en chef : l'Abbé ROCA

Il n'y a plus de religion sur la terre. Le monde ne peut rester longtemps dans cet état. DE MAISTRE.	*Celui qui transporterait dans l'État civil les principes du christianisme primitif changerait la face de la terre.* FRANKLIN.

ABONNEMENTS *France*	ADMINISTRATION 29. — Rue de Trévise. — 29 **PARIS**	ABONNEMENTS *Union postale*
UN AN............ 5 FR. SIX MOIS .... 3 DEUX MOIS 1		UN AN............ 6 FR SIX MOIS......... 5 50 TROIS MOIS....... 2 —

L'ABBÉ ROCA soutient courageusement dans cet organe la lutte par l'ésotérisme chrétien, contre et malgré le cléricalisme intransigeant.

LE LOTUS BLEU
ORGANE DE LA SOCIÉTÉ THÉOSOPHIQUE
Directeur : **Jean Mathéus**
Mensuel, un an, 10 fr. — Le numéro, 1 fr.

A la prétention d'être le seul organe de la Théosophie (?) en France. Louis-Claude de Saint-Martin, le théosophe français, et Jacob Bœhm, le théosophe allemand, doivent être bien étonnés d'avoir osé parler et écrire avant la naissance de leur seul (?) organe — la vérité est qu'il s'agit d'une confusion *intéressée* entre le mot Théosophie et Société Théosophique. Cet organe est le seul organe de la Société Théosophique en France et pour cause. Nul ne lui contestera cette qualité. — Hors de cette petite rectification, rien de bien particulier à signaler que l'absence totale de succès de cette tentative payée par la caisse de Londres.

Revue Théosophique
DIRECTRICE : **Comtesse GASTON D'ADHÉMAR**
1889-1890
La collection : **15 fr.**

LA NOUVELLE MÉDECINE
PARAISSANT DEUX FOIS PAR MOIS

TIRAGE JUSTIFIÉ
5,000 Exemplaires

RÉDACTION : 16, RUE RODIER, PARIS

ANNONCES (29, rue de Trévise, Paris)		ABONNEMENTS (29, rue de Trévise, Paris)	
La ligne.	1 fr.	Un an.	3 fr. »
La case.	5	Le numéro.	» 10

DIRECTEUR :	SECRÉTAIRE DE LA RÉDACTION
L. ENCAUSSE	*Gérard ENCAUSSE*

RÉDACTEUR EN CHEF :
D' DIBOT

Ce bulletin publie toutes les nouvelles découvertes médicales sans aucun parti pris d'école ni de personnalité

6

OUVRAGES A PUBLIER
PAR SOUSCRIPTIONS

LE ZOHAR

Un beau vol. in-18

LE ZOHAR, l'un des deux livres fondamentaux de la Kabbale, n'a jamais été traduit en français. C'est pour réparer cette lacune que nous avons ouvert une souscription. Dès qu'elle aura donné ses premiers résultats, la traduction française déjà finie, sera livrée à l'impression.

Le prix ne sera pas supérieur pour les souscripteurs à **3** *fr. au lieu de* **4** *fr. pour le public.*

ÉLIPHAS LÉVI

Le Catéchisme de la Paix

Un élégant volume in-18

Cet intéressant ouvrage a été trouvé par Lucien Mauchel dans ses recherches sur le grand occultiste. A l'heure où les questions d'arbitrage, de désarmement et de paix universelle passionnent tant d'esprits, on voudra connaître les opinions d'Eliphas Lévi sur ce sujet et en même temps sur la paix religieuse, sociale, publique, familiale, etc.

Mêmes conditions que pour le *Zohar.*
Les prix ne seront dûs qu'à la réception de chaque ouvrage.

TABLE ALPHABÉTIQUE DES AUTEURS

D

E

F

G

H

J

K

L

M

S

T

V

W

Z

GROUPE INDÉPENDANT
D'ÉTUDES ÉSOTÉRIQUES
(Résumé des travaux des 14 premiers mois.)
Quartier Général, 29, rue de Trévise, 29, Paris

1° CHARTES DÉLIVRÉES

A. *Groupes d'études* théoriques et expérimentales et groupes
d'action au quartier général. 22

B. *Branches* (France) 17
Branches (Etranger) 25
Total des chartes délivrées (en août 1891). 64

C. *Correspondants* (France et Étranger). 18
Total des loges et correspondants 82

2° ÉTUDES EXPÉRIMENTALES
FORCE PSYCHIQUE
Enquête de L. Lemerle sur les phénomènes produits par
M. H. Pelletier. — Travaux du Dr Delézinier, de MM. Del-
fosse, Girgois, Yvon le Loup, etc.

TÉLÉPATHIE
Étude expérimentale par MM. Caune de Puisaye et Papus entre
Paris et Marseille.

SPIRITISME
Études expérimentales de MM. François, Lemerle, Papus, Mau
chel, etc. — Influence de l'éther sur les phénomènes spirites. — Groupement et formation des médiums. — Prise en
flagrant délit de fraude d'un médium (1). — Études sur la
fraude dans la médiumnité.

HYPNOTISME
Rapports de l'hypnotisme et du spiritisme (Existence des trois
phases chez les médiums n'ayant jamais été en rapport avec
des hypnotiseurs.) — Influence du Pentagramme sur les sujets
hypnotiques. — (Rapport de Papus, du comte de Constantin,
du Dr Chazarain et de la Branche *Kvmris* de Bruxelles à ce
sujet.)

---

(1) Le Groupe est une des rares sociétés d'études qui ait immédiatement
publié la relation de « *l'esposure* » d'un médium, loin de le cacher, comme
on le fait généralement. Un seul des cinq médiums étudiés a été « exposé ».

KVMRIS

Branche du Groupe indépendant d'études ésotériques

A BRUXELLES

25, Rue de Joncker, 25

Conférences, Cours, Publications sur les Sciences Occultes

Pour tous renseignements : S'adresser à **M. VURGEY**, délégué général.

FRATERNITÉ

LYONNAISE ET CATALANE

Branche du Groupe Indépendant d'Etudes ésotériques

A LYON

Siège central : 17, rue de Sully

S'adresser à M. Elie STEEL

Bibliothèque Internationale

DES

ŒUVRES DES FEMMES

Cette Bibliothèque, fondée par Mlle A. de Wolska, est placée sous la Présidence d'honneur de S. M. la Reine de Roumanie.

Elle contient exclusivement des ouvrages écrits par des femmes, et renferme plusieurs dons précieux d'ouvrages français et étrangers.

L'œuvre a pour but de faire connaître les travaux intellectuels des femmes de tous pays et de faciliter la publication des œuvres de valeur produites par des auteurs pauvres.

C'est grâce à l'alliance entre la Bibliothèque internationale des Œuvres des Femmes et le Groupe indépendant d'Etudes ésotériques à ses débuts, que le local des Groupes put être agrandi et constitué définitivement sur des bases sérieuses.

La directrice reçoit tous les mercredis, de 5 à 7 heures, au siège de la Bibliothèque, 29, rue de Trévise.

LIBRAIRIE
DU
MERVEILLEUX

CHAMUEL, Editeur

ÉDITION
PRISE EN DÉPOT
IMPRESSION
de Journaux, Brochures et Ouvrages

Les opérations de la Librairie ont pour but de soutenir et de propager le Spiritualisme. Aucune cotisation, aucun droit d'entrée n'étant exigés des membres du GROUPE INDÉPENDANT D'ETUDES ESOTÉRIQUES, les ressources des fondateurs et les bénéfices de la Librairie sont consacrés à la propagande et à l'extension de nos idées. Toute la partie commerciale est placée sous la direction et la responsabilité exclusive de notre ami Lucien CHAMUEL, licencié en droit.

ÉDITION ET IMPRESSION D'OUVRAGES

Les auteurs ont tout intérêt à s'adresser à la Librairie du Merveilleux, pour l'édition ou l'impression de leurs ouvrages.

Les auteurs sont assurés de gagner eux-mêmes le bénéfice qui revient habituellement aux éditeurs ; la librairie étant un véritable syndicat d'auteurs.

Le meilleur moyen de se rendre compte de ce fait, c'est de demander d'abord les prix à un imprimeur ou éditeur quelconque et d'adresser ensuite la même demande à la Librairie du Merveilleux, *en indiquant les plus bas prix déjà obtenus.* Nous assurons presque sûrement à l'auteur une réduction de 10 à 20 % sur ces prix :

Voici à titre d'exemple les prix de l'impression (papier compris) d'un volume type ordinaire :

Format in-18, la feuille (36 pages), 92 francs.

Le volume de 360 pages, tirage 1100 (papier et couverture compris), 900 francs.

PRISE EN DÉPOT DES OUVRAGES

Un auteur est souvent fort ennuyé par les démarches qu'il lui faut faire pour que son ouvrage soit mis en vente et exposé chez les libraires de Paris et de la Province. De plus, un ouvrage qui ne porte pas d'adresse d'éditeur, mais seulement celle de l'imprimeur ou de l'auteur est moins bien accueilli par le public.

La Librairie du Merveilleux se charge de prendre en dépôt tous les ouvrages, volumes et brochures que MM. les auteurs voudront bien lui confier. Elle se charge de faire aux libraires les dépôts et les remises nécessaires, et elle assure de plus à l'auteur une certaine publicité, soit par son catalogue, soit par l'organisation spéciale de son service de Presse, le tout moyennant un droit de 50 % *sur le prix fort* de l'ouvrage, droit perçu *après vente* de chacun des exemplaires de l'ouvrage.

ÉDITION ET IMPRESSION DE PÉRIODIQUES

Les écrivains et les sociétés qui désirent avoir un organe mensuel, bi-mensuel ou hebdomadaire peuvent s'adresser à la Librairie du Merveilleux, qui se charge, non-seulement de l'impression, mais aussi de l'*administration*, de l'*envoi* et de la *mise en dépôt* chez les principaux libraires, des journaux qu'on lui confie.

Les prix sont établis de manière à défier toute concurrence.

Les journaux périodiques sont assurés de paraître à jours fixes, fussent-ils *hebdomadaires*.

Voici un exemple de ces prix, en prenant comme type le VOILE D'ISIS (8 pages et feuilleton).

IMPRESSION	Un numéro tiré à 1,000 exemplaires rendu franco à domicile	40 fr.
ADMINISTRATION	Pliage, mise sous bandes, envoi par la poste ; tenue de la comptabilité du journal ; dépôt chez les libraires ; services ; salle de rédaction.	50 % du prix d'abonnem^t, payable après règlemen^t des abonnements

On peut nous confier l'impression sans nous confier en rien l'administration du journal.

SALLE POUR CONFÉRENCES OU RÉUNIONS

A la LIBRAIRIE DU MERVEILLEUX est annexée une salle de conférences où diverses Sociétés tiennent leurs séances. Cette salle peut contenir cent à cent-cinquante personnes, suivant la disposition des places.

Cette salle peut être louée pour une séance, aux Sociétés qui désireraient s'y réunir, après entente avec le directeur de la Librairie, au prix de 10 fr., pour tous frais (gaz, matériel, personnel, etc., etc.).

Des conditions particulières sont faites aux Sociétés qui désirent avoir la salle pour plusieurs séances.

PUBLICITÉ

Un tirage à 100,000 exemplaires du *Voile d'Isis* a été fait par la LIBRAIRIE DU MERVEILLEUX, d'autres le seront sans doute.

De plus, le nombre des lecteurs de nos organes hebdomadaires nous permet de considérer leur publicité comme réellement efficace.

Les personnes qui voudraient profiter de cette publicité n'ont qu'à s'adresser à la LIBRAIRIE DU MERVEILLEUX, qui leur fait des conditions de bon marché tout à fait particulières.

LIVRES ANCIENS

La LIBRAIRIE DU MERVEILLEUX se charge de rechercher pour le compte de ses clients tous les livres anciens d'Alchimie, de Magie, de Sorcellerie, etc.. etc. Un service tout spécial est organisé à cet effet. Il suffit d'indiquer l'auteur et le titre de l'ouvrage qu'on désire, et aussitôt les recherches sont entreprises. Il n'y a rien à payer qu'une fois l'ouvrage trouvé, et, dans ce cas, le client est prévenu du prix auquel on peut lui livrer l'ouvrage demandé.

RELIURE

Les livres fournis par la **LIBRAIRIE DU MERVEILLEUX** sont brochés, sauf indication contraire. Mais elle se charge de toutes les commandes de reliure qu'on veut bien lui confier.

Voici les prix courants les moins élevés qui existent :

Nos d'ordre	DÉSIGNATION DES RELIURES (ORDINAIRES SOIGNÉES)	IN-18 IN-16 IN-12	IN-8 CARRÉ	IN-8 RAISIN	IN-8 JÉSUS	GRAND in-8 et in-4 CARRÉ	IN-4 RAISIN
0	Demi-toile, tranche jaspée, plats papier. . .	0 75	1 »	1 40	1 60	2 »	2 50
1	Pleine toile, tranche jaspée	1 »	1 40	1 60	2 »	2 50	3 »
2	Demi-basane, plats papier, ranche jaspée .	1 »	1 40	1 75	2 »	2 50	3 25
3	Demi-chagrin, pl. pap., tranche jaspée	1 40	1 75	2 25	3 »	3 25	4 »
4	Demi-chagrin, plats toile, tranche jaspée. .	1 50	2 »	2 50	3 25	3 75	5 »
5	Demi-chagrin, plats toile, tranche dorée rouge ou peige	2 50	3 »	3 50	4 »	5 »	7 »

Pour les reliures de luxe et pour les commandes importantes donnant lieu à une réduction de prix, prière de s'adresser à la maison en indiquant exactement le genre de travail qu'on désire.

LIBRAIRIE DU MERVEILLEUX

CHAMUEL, éditeur, 29, rue de Trévise, 29, PARIS

VENTE DE TOUS LES LIVRES ET REVUES D'OCCULTISME

Salle de lecture et Bibliothèque contenant les ouvrages les plus rares sur la Science occulte, la Kabbale, la Théosophie, la Franc-Maçonnerie, etc., etc., et les revues d'occultisme du monde entier.

PRIX D'ENTRÉE :

POUR LE PUBLIC.	» 50
DIX CACHETS	4 »
POUR LES MEMBBES DU GROUPE INDÉPENDANT ET DES SOCIÉTÉS ADHÉRENTES.	» 25
DIX CACHETS.	2 »
TRENTE CACHETS.	5 »
UN AN.	10 »

Sont expédiés franco dans toute l'Union postale tous les ouvrages cités dans la BIBLIOGRAPHIE, ainsi que tous les ouvrages non épuisés, sur tous sujets, dont on connait le titre et le nom de l'auteur.

La Librairie fournit tous les ouvrages reliés si on le lui demande et à des prix très modérés. (V. page 109.)

Prière d'ajouter 5 cent. pour le port quand le prix de l'ouvrage ne dépasse pas 50 cent.

Toute commande doit être accompagnée d'un mandat-poste, ou, si la somme est inférieure à 5 fr., de son montant en timbres-poste.

En ajoutant 25 cent. on reçoit le colis recommandé.

On accepte tous les autres modes de paiement : contre remboursement (au-dessus de 20 fr.), par chèques, etc.

Les risques de l'expédition sont à la charge du destinataire, conformément à la loi.

La maison donne gratuitement tous les renseignements bibliographiques, sur toutes sortes d'ouvrages, dont la demande est accompagnée d'un timbre pour la réponse.

TABLE DES MATIÈRES

AVANT-PROPOS

PREMIÈRE PARTIE

SCIENCE OCCULTE

Tours, imp. E. Arrault et Cⁱᵉ

www.ingramcontent.com/pod-product-compliance
Lightning Source LLC
Chambersburg PA
CBHW052046270326
41931CB00012B/2649